Andreas Arndt
Unmittelbarkeit

Andreas Arndt

Unmittelbarkeit

Eule der Minerva Verlag

Homepage des Autors:
www.arndt-andreas.de

Homepage des Verlags:
www.eulederminerva.de

Homepage zum Werk:

Arndt – Unmittelbarkeit
http://dx.doi.org/10.4444/50.10.de

Copyright © 2013 Owl of Minerva Press GmbH

All rights reserved. No part of this work may be reproduced, stored in a retrieval system, or transmitted in any form or by any means, electronic, mechanical, photocopying, microfilming, recording or otherwise, without written permission.

 Eule der Minerva Verlag
1. Aufl., Berlin 2013
doi: 10.4444 / 50.10.de
ISBN 978-3-943334-03-6
BID 003

Inhalt

Vorverständigung 7

Eine kurze Geschichte der
        Unmittelbarkeit 19

Unmittelbares Selbstbewusstsein 35

Vermittelte und vermittelnde
        Unmittelbarkeit (Hegel)...............47

Der Zauber der Unmittelbarkeiten...........64

Gegenständliche Vermittlung (Marx).......81

Kritik der Unmittelbarkeit 97

Der Schein der Unmittelbarkeit 108

Weiterführende Literatur 113

Vorverständigung

Der Ausdruck ›Unmittelbarkeit‹ ist vieldeutig. Was ›Unmittelbarkeit‹ heißen soll, leuchtet keineswegs unmittelbar ein. Die Schwierigkeit einer Bestimmung liegt schon darin, dass Unmittelbarkeit ein negativer Ausdruck ist, der nichts darüber sagt, was er positiv bezeichnet. ›Unmittelbar‹ nennen wir gewöhnlich eine direkte Beziehung auf etwas oder jemanden, eine zeitliche oder räumliche Nähe. Unmittelbarkeit in diesem Sinne ist Gegenwärtigkeit und Präsenz, die nicht durch etwas Anderes verstellt ist. Unmittelbar sind wir bei den Dingen selbst, direkt, ohne weitere Instanzen oder Hilfsmittel bemühen zu müssen. Die Unmittelbarkeit bezeichnet gleichsam den Berührungspunkt mit der Oberfläche von etwas, was uns räumlich und zeitlich präsent ist. *Räumliche und zeitliche Präsenz*

In dieser Berührung verhalten wir uns auf unterschiedliche Weise zu dem, was uns darin Gegenstand ist. Wir lassen uns von ihm ergreifen oder ergreifen es. Im ersten Fall sprechen wir vom unmittelba- *Zwei Formen des Verhaltens zur Unmittelbarkeit* ren Betroffen- bzw. Ergriffensein in Freude, Leid (und Mitleid), Bewunderung und anderen affektiven Reaktionen. Oder wir ergreifen den Gegenstand ›unmittelbar‹ zupackend, verwandeln ihn uns an, indem wir ihn darstellen. Unmittelbarkeit als ästhetische Kategorie hat hierin ihren Ursprung. Sie bezeichnet sowohl die Wirkung eines Kunstwerks oder des Naturschönen als auch eine Darstellungsweise, die den Gegenstand oder das Selbst des Künstlers so zum Ausdruck bringt, dass wir in Bezug auf das Kunstwerk direkt mit ihm in Berührung zu stehen meinen.[1]

Beide Formen des Verhaltens in der unmittelbaren Berührung mit etwas ergänzen und durchdringen sich. Auf das Ergriffenwerden reagieren wir mit Hingebung oder Abwehr. Unmittelbare Hingabe und unmittelbares Abstoßen sind die Extreme unseres Verhaltens zu dem, was uns ergreift. Einstimmung – bis hin zur Verschmelzung der Zusammengehörigen

---

[1] So spricht Joseph von Eichendorff in seiner *Geschichte der poetischen Literatur Deutschlands* (Paderborn 1857, S. 244) von der »Unmittelbarkeit lebendiger Darstellung«.

– und Widerstreit – bis hin zum schroffen, ›unmittelbaren‹ Gegensatz – bezeichnen wir daher gleichermaßen als ›unmittelbar‹.

Das Unmittelbare ist das Nächstliegende, genauer: das in der größten räumlichen oder zeitlichen Nähe Zusammenliegende. Was unmittelbar aus einer Handlung oder einem Ereignis folgt, steht dazu in einem direkten Bezug und bildet mit ihnen eine Einheit. In diesem Sinne sprechen wir von der ›unmittelbaren Umgebung‹, ›unmittelbaren Folgen‹ und ›unmittelbaren Voraussetzungen‹. Umgekehrt ist das Unmittelbare aber auch das, was uns fern liegt, weil es sich selbst genügt. Jemand, der unmittelbar mit sich selbst beschäftigt ist, bleibt auf sich bezogen. Die Unmittelbarkeit ist hier gleichsam die Oberfläche, die ein Selbst einschließt: Wir können sie berühren, aber nicht durchdringen. Im weiteren Sinne bezeichnet Unmittelbarkeit daher eine identische Beziehung auf sich, den Kern eines Selbstseins, der von Vermittlungen umspielt wird, aber nicht in ihnen aufgeht und von ihnen vielleicht berührt, aber nicht wesentlich affiziert wird.

_{Nähe und Ferne}

Diese Varianten im Gebrauch von ›Unmittelbarkeit‹ haben auch erkenntnis-

_{Selbstverständlichkeit}

mäßige Bedeutung. Unmittelbar ist etwas, was sich ›von selbst versteht‹, weil es sich so auf sich selbst bezieht, dass es keiner weiteren erklärenden Begründung bedarf. Prinzipien und Axiome etwa haben diesen Status. ›Unmittelbarkeit‹ bezeichnet aber auch die Relation, die wir erkennend zu einem Gegenstand einnehmen. Was sich von selbst versteht, ist evident oder leuchtet unmittelbar ein.

Unmittelbarkeit für uns und an und für sich	›Unmittelbarkeit‹ hat vielfältige Konnotationen; es handelt sich nicht um einen wohldefinierten Begriff, sondern um Konzeptionen, die Annahmen über Relationen enthalten. Der alltägliche Sprachgebrauch versteht ›unmittelbar‹ als ›direkt‹, ›ohne Vermittlung durch ein Anderes‹, und bezeichnet damit den Gegensatz zu ›indirekt‹ und ›vermittelt‹. Als Negation von Vermittlung, welche dem Ausdruck anhaftet, steht ›Unmittelbarkeit‹ für den unverstellten Zugang zu etwas. Hieran knüpfen philosophische Konzepte von Unmittelbarkeit an, in denen solche Relationen erkenntnislogisch und metaphysisch interpretiert werden. Von besonderer Bedeutung ist dabei die Unmittelbarkeit als direkter Selbstbezug. Über diese Variante verschränkt

sich die Rede von der Unmittelbarkeit mit dem neuzeitlichen Subjektparadigma. Unmittelbarkeit ist dann nicht mehr nur eine Unmittelbarkeit *für uns*, wie im ästhetischen Schein oder dort, wo uns etwas unmittelbar gegenübertritt, so dass wir mit seiner Präsenz konfrontiert werden. Sondern indem das, was uns gegenübertritt (und sei es unser Selbst in der Selbstobjektivierung unseres Denkens) als Subjektivität im Modus unmittelbarer, direkter Selbstbeziehung vorgestellt wird, verwandelt sich die Unmittelbarkeit von der Relation von uns auf etwas in ein Selbstverhältnis des Gegenstandes: Sie wird zu einer Unmittelbarkeit *an und für sich*.

Im Blick hierauf kann von einer metaphysischen Transformation der Unmittelbarkeit gesprochen werden. Sie findet seit 1800 auch Niederschlag im literarischen Bewusstsein außerhalb der Philosophie. So schreibt Bettina von Arnim (1785–1859) von der Schöpfungskraft: »alles ist ihr Gegenwart, Unmittelbarkeit, sie strömt ganz nur Leben aus, ist ganz Unsterblichkeit des Augenblicks. Anderes kann sie nicht wollen, nicht erwerben, außer ihrem vollen

<small>Metaphysische Transformation der Unmittelbarkeit</small>

Dasein im Moment.«² In solcher metaphysischen Auslegung ist ›Unmittelbarkeit‹ nicht mehr nur der Terminus für unmittelbare Relationen vielfältiger Art; sie ist vielmehr eine verdinglichende Kategorie, welche etwas über die interne Verfasstheit von Seiendem oder des Seins überhaupt behauptet.

Schein und Wesen

Sofern wir im unmittelbaren Bezug mit etwas in Berührung stehen, drängt sich die Frage auf, was wir da eigentlich berühren bzw. was uns berührt. Ist es die Oberfläche der Dinge, die sich uns unmittelbar präsentiert? Oder ist es die Präsenz von etwas, das uns in der Berührung affektiv oder kognitiv ergreift? Im ersten Falle wäre die Oberfläche der Schein, die Art und Weise, wie sich uns etwas zeigt. Dieser Schein aber wäre dann nicht die Sache selbst, die unter dieser Oberfläche erst zu ergründen wäre. Um zu ihr vorzudringen, bedürfte es eines anderen als des unmittelbaren Bezuges, also einer Anstrengung, die den Schein der Unmittelbarkeit hintergeht. Im zweiten Falle wäre die Oberfläche, die uns berührt,

---

2   Bettina von Arnim, *Dies Buch gehört dem König*, Berlin 1843, S. 143.

zugleich Erscheinung als Präsenz des Wesens, der Sache selbst. Indem wir unmittelbar ein Unmittelbares berührten, würden wir seiner innewerden, ohne durch eine besondere Anstrengung Schein und Wesen trennen zu müssen. Ein solcher Versuch wäre vielmehr ganz vergeblich, denn das an und für sich seiende Unmittelbare ist etwas, was aufgrund seiner wesentlichen Unmittelbarkeit auch ein Un*ver*mittelbares ist. Hieran knüpfen negativistische Behauptungen wie die an, das Individuum sei »ineffabile«[3] oder das Absolute sei ein verborgener Gott. Das, was wir unmittelbar berühren, ist die opake Oberfläche eines sich uns entziehenden Selbst.

Die Frage, ob Unmittelbarkeit ›für uns‹ als Schein oder ›an und für sich‹ als wesensmäßige Bestimmung der Sache selbst zu gelten habe, erschöpft indessen nicht die Problematik der Rede von ›Unmittelbarkeit‹. Sie ist nur ein Teilaspekt des

<small>Unmittelbarkeit und Vermittlung</small>

---

3 Vgl. Fotis Jannidis, »Individuum est ineffabile« – Zur Veränderung der Individualitätssemantik im 18. Jahrhundert und ihrer Auswirkung auf die Figurenkonzeption im Roman«, in: *Aufklärung* 9, 2 (1996), S. 77–110.

Problems, wie das Verhältnis von Unmittelbarkeit und Vermittlung überhaupt zu denken sei. Die negativistische Auffassung der an und für sich seienden Unmittelbarkeit setzt die Unmittelbarkeit als un*ver*mittelt und un*ver*mittelbar. Im Blick hierauf können wir von einer unvermittelten Unmittelbarkeit sprechen, ohne dass dies ein Pleonasmus wäre. Auf der anderen Seite erscheint eine vermittelte Unmittelbarkeit als *contradictio in adiecto*, sofern Unmittelbarkeit überhaupt Negation von Vermittlung ist. Die Vermittlung dessen, was sich an der Oberfläche als unmittelbar präsentiert, erweist ›Unmittelbarkeit‹ somit als Schein und löst diesen Schein zugleich auf. Er ist dann Effekt oder Resultat einer wesentlichen Vermittlung. Allenfalls käme dem Terminus ›Unmittelbarkeit‹ dann noch eine metaphorische Bedeutung zu, indem er etwa den Aspekt des Selbstverhältnisses als solchen aus der Totalität der Vermittlungen heraushebt.

Letztbegründung durch unvermittelte Unmittelbarkeit

Was aber ist der Einsatz der Unmittelbarkeit? Geht es um mehr als den kapriziösen Reiz der Intimität des Selbst und des Selbst zu den Dingen? Folgt man den Einwänden gegen eine Universalisierung der

Vermittlung, so ist Unmittelbarkeit – weit entfernt davon, Effekt der Vermittlung zu sein – vielmehr notwendige Voraussetzung von Vermittlung. Die Aporie der Vermittlung bzw. Reflexion hat Friedrich Heinrich Jacobi (1743–1819) auf die Formel gebracht: »Jeder Erweis setzt etwas schon Erwiesenes zum voraus, wovon das Principium *Offenbarung* ist.«[4] Indem wir die »Unendlichkeit von *Vermittelungen*« erforschen, decken wir zwar den Mechanismus der Dinge auf, nicht aber »den Mechanismus des Prinzips des Mechanismus«, da das Prinzip außerhalb der Vermittlung fällt.[5] In dieser Weise hatte bereits Aristoteles (384–322 v.u.Z.) im logischen Sinne das Prinzip bzw. Axiom als ein αμεσον (*ameson*), ein Unmittelbares, verstanden: Es ist dasjenige, was nicht aus Anderem abgeleitet werden kann, weil es kein Anderes vor sich hat.[6] In dieser Tradition bedeutet ›Unmittelbarkeit‹ die Letzt-

---

4 F. H. Jacobi, *Schriften zum Spinozastreit*, in: ders., *Werke. Gesamtausgabe*, Bd. 1, 1, hg. v. K. Hammacher und I.-M. Piske, Hamburg 1998, S. 124.
5 Ebd., S. 260.
6 Vgl. Aristoteles, *Organon. Zweite Analytik*, II, 9, 93 b 22 und I, 2, 72 a.

begründung in einem Prinzip, von dem die Reihe des Bedingten oder Vermittelten abhängt; sie bezeichnet dasjenige, was sich von selbst versteht und keines weiteren Beweises bedarf.

<small>Ambivalenz der unvermittelten Unmittelbarkeit</small>

Solche Berufung auf Unmittelbarkeiten ist jedoch ambivalent. In der rationalistischen Tradition der Aufklärung – wie etwa bei René Descartes (1596–1650) und Gottfried Wilhelm Leibniz (1646–1716) – ist die unmittelbare Gewissheit des Denkens bzw. die Unmittelbarkeit der inneren Empfindung der Ausdruck des ›natürlichen‹ Lichtes der Vernunft (*lumen naturale*), das uns die (ewige) Vernunftwahrheit offenbart. Solches unmittelbare Einleuchten der Wahrheit, die Evidenz der Vernunft, konnte aufklärerisch gegen Traditionen gewendet werden, die sich auf weltliche oder geistliche Autoritäten beriefen. Wenn aber die Unmittelbarkeit als Evidenz einen Beweis weder fordert noch verträgt (denn das wäre der Versuch, das Unmittelbare zu vermitteln), so ist die Selbstgewissheit des Denkens in uns ebenso wie die Unmittelbarkeit der Empfindung etwas, was als subjektive Überzeugung zwar den Anspruch auf übersubjektive Allgemeinheit erhebt, jedoch nicht davor geschützt ist, sich an anderen subjektiven Überzeugungen zu brechen, die sich ebenfalls auf ihre Unmittelbarkeit berufen und Ansprüche auf Allgemeinheit mit sich führen. Dies ist etwa in der Tradition des christlichen Offenbarungsverständnisses der Fall, aber auch in der *common-sense*-Philosophie z. B. Thomas Reids (1710–1796), der die Gewissheit des Erkennens auf ein Gefühl als unmittelbare Wahrnehmung der Dinge zurückführt.[7] Jacobi war sich der Ambivalenz der Berufung auf Unmittelbarkeiten bewusst, als er – in einem *nicht* christlich-dogmatischen Sinne – das Wissen auf Offenbarung und Glauben gründete.

Scheint die Unmittelbarkeit zunächst der Halt gegen die Relativierung in der unendlichen Kette der Vermittlungen zu sein, so erweist sich die Berufung auf Unmittelbarkeiten umgekehrt als Relativierung der Gewissheit in der Vielzahl sub-

> Vermittlung der Unmittelbarkeit

---

[7] Thomas Reid, *Essays on the Intellectual Power of Man* (1785), in: ders., *Philosophical Works*, hg. v. W. Hamilton, Bd. 1, Edinburgh ⁸1895, S. 305: »immediate perception of things present and in contact with the percipient«.

jektiver Überzeugungen. Für das Projekt der Aufklärung, das ›natürliche‹ und geistige Autoritäten nicht einfach hinnimmt, sondern auf Grund und Geltung hin befragt, entsteht daher die Aufgabe, die Unmittelbarkeit im Blick auf die beanspruchte Allgemeinheit zu vermitteln, wie es in der Vernunftepoche der klassischen deutschen Philosophie vor allem von Hegel versucht wird. Die Konzeption einer vermittelten Unmittelbarkeit, die zugleich den Schein der Unmittelbarkeit kritisiert, ist eine Konsequenz der Aporien der unvermittelten Unmittelbarkeit. Ihren Zauber haben die Unmittelbarkeiten dadurch aber nicht verloren, wie die Geschichte der Philosophie nach Hegel deutlich macht; ihre Kritik bleibt daher Aufgabe einer Aufklärung im Begriff, welche die Verklärung des faktisch Seienden zum Selbstverständlichen unterläuft.

Eine kurze Geschichte der Unmittelbarkeit

Die Ausdrücke ›unmittelbar‹ (griechisch αμεσος, lateinisch *immediatus*) und ›Unmittelbares‹ haben zwar eine lange, bis in die Antike reichende (Vor-)Geschichte, erleben jedoch erst seit der zweiten Hälfte des 18. Jahrhunderts eine weite und geradezu inflationäre Verbreitung, während sie vorher keine besondere Rolle spielten. Die zunächst in der schönen Literatur und der Kunsttheorie zu beobachtende Verbreitung hängt offenbar mit der Bewusstseinsgeschichte dieser Epoche zusammen, in der Naturschwärmerei und Empfindsamkeit ein neues Bild der Individualität jenseits des rationalistischen *Ego* zeichnen. Der affektive Bezug zur (zumeist normativ gedeuteten) äußeren Natur ebenso wie zur Natur der Mitmenschen und zur inneren Natur des Selbst trägt die Züge der Unmittelbarkeit und modelliert Individualität als an und für sich seiende Unmittelbarkeit. Dieses Bewusstsein tritt uns etwa in Laurence Sternes (1713–1768) internatio-

Naturschwärmerei und Empfindsamkeit

nal verbreiteten und vielgelesenen Roman *A Sentimental Journey Through France and Italy* (1768) entgegen, aber auch bereits in Jean-Jacques Rousseaus (1712–1778) *Discours sur l'origine et les fondemens de l'inégalité parmi les hommes* (1755), der das Konzept der Unmittelbarkeit in die Kritik der Aufklärung einführte. Gegen die negativen Folgen des zivilisatorischen Fortschritts verweist Rousseau auf »die reine, jeder Reflexion voraus liegende Regung der Natur« im Menschen als Maßstab der Kritik.[8] Diese ›reine‹ oder unverstellte Natur ist ihrer Struktur nach eine präreflexive, nicht durch die Reflexion vermittelte, also unvermittelte Unmittelbarkeit.

Begründung der Philosophie nach Kant

Im Gefolge der an Kant anschließenden Diskussionen um die Begründung der Philosophie erfahren dann die Termini ›unmittelbar‹, ›Unmittelbares‹ und ›Unmittelbarkeit‹ seit dem Ende des 18. Jahrhunderts in der Philosophie eine bis dahin nicht gekannte Verbreitung und zugleich wird ›Unmittelbarkeit‹ nun ausdrücklich

---

8   Jean-Jacques Rousseau, *Schriften zur Kulturkritik*, hg. v. K. Weigand, Hamburg 1983, S. 173.

als philosophisches Konzept verstanden und reflektiert. Maßgeblich hierfür ist nicht zuletzt die bereits erwähnte Kritik Friedrich Heinrich Jacobis an dem Vermittlungsdenken, die gegen die Transzendentalphilosophie gekehrt wird, welche in den Augen Jacobis in einen bodenlosen Nihilismus führt, weil sie nicht über das Fundament eines unmittelbaren, dem Wissen nicht zugänglichen Grundes verfügt. Die Wahrheit gründe in einem Ort, welcher der Wissenschaft unzugänglich sei;[9] ›Unmittelbarkeit‹ werde mit einer ›Unwissenheit‹ gleichgesetzt, welche ihrerseits nicht vom Wissen negiert werden könne.

    Jacobis Plädoyer für die Begründung des Wissens und der Freiheit in einem dem Wissen entzogenen Grund konnte deshalb nachhaltig auf die Debatten der Zeit einwirken, weil es eine Kantische Problematik aufgreift und zuspitzt. In seiner Vernunftkritik beurteilt Immanuel Kant (1724–1804) unter dem Titel einer

Jacobi

Kant

---

9 Friedrich Heinrich Jacobi, »David Hume. Beilage«, in: ders., *Werke*, hg. v. F. Roth und F. Köppen, Bd. 2, Leipzig 1815, S. 291–310, hier S. 323.

transzendentalen Dialektik den Versuch der Vernunft, des Unbedingten habhaft zu werden, also der traditionellen metaphysischen Vernunftgegenstände Gott, Welt und Seele. Sie bezeichnen, Kant zufolge, »das Allgemeine der Bedingungen des Denkens« und zielen auf diejenige Bedingung, »die selbst unbedingt ist«, nämlich auf die Totalität aller Bedingungen des Denkens.[10] Dieser Versuch sei unvermeidlich, »um die Einheit des Verstandes, wo möglich, bis zum Unbedingten fortzusetzen« und ihn »mit sich selbst durchgehends einstimmig« zu machen.[11] Der Schluss der Vernunft auf die Totalität misslingt jedoch, weil sie sich in dialektische Oppositionen verstrickt, die anzeigen, so Kants Auffassung, dass ein objektiv gültiges Wissen der Vernunftgegenstände nicht erlangt werden kann.

Indem der Versuch der reinen Vernunft, sich des Unbedingten zu vergewissern, aporetisch verläuft, hinterlässt Kant ein Begründungsproblem, an dem sich die

---

10 Immanuel Kant, *Kritik der reinen Vernunft* (1781), A 396 f.
11 Immanuel Kant, *Kritik der reinen Vernunft* (1787), B 380.

philosophische Bewegung nach ihm abarbeitet. F. H. Jacobi spricht daher von einer »durchgängigen absoluten Unwissenheit« des transzendentalen Idealismus.[12] Und auch der neue Skeptizismus des Aenesidemus (Johann Gottlob Ernst Schulze, 1761–1833) hebt auf dieses Problem ab, das als Begründungsdefizit der Vernunft wahrgenommen wurde. Die Strategien der nachkantischen Philosophie zielen daher darauf ab, in direkter oder impliziter Auseinandersetzung mit Kant theoretische Alternativen zu formulieren, welche die Aporien der transzendentalen Dialektik vermeiden sollten.

Karl Leonhard Reinhold (1758–1823), der ›Prophet Kants‹ und Vorgänger Johann Gottlieb Fichtes (1762–1814) in Jena, unternimmt zuerst den Versuch, die kritische Philosophie auf eine neues, unerschütterliches Fundament zu stellen. Das Prinzip, der »Satz des Bewusstseins«, soll »*unmittelbar* aus dem Bewußtseyn geschöpft, und in soferne vollkommen *einfach* und keiner Zergliederung fähig« (und da-

Reinhold

---

12 Friedrich Heinrich Jacobi, »David Hume. Beilage«, a. a. O. (vgl. S. 21), S. 310.

her auch nicht im strengen Sinne beweisbar) sein.[13]

Fichte

Auch Fichte, der sich selbst als Vollender Kants sah, beansprucht eine unvermittelte (›einfache‹) Unmittelbarkeit als Prinzip des theoretischen und praktischen Wissens. Mit der unmittelbaren Selbstkonstitution des Ich im obersten, schlechthin unbedingten Grundsatz der *Wissenschaftslehre* (1794/95) will er das Kantische Programm einer systematischen, durch die Vernunft begründeten Einheit des Wissens im Unbedingten einlösen und zugleich die Aporien der Reflexion bzw. Vermittlung vermeiden, die in der transzendentalen Dialektik zutage treten.

Dieser Eingriff ist in doppelter Weise folgenreich. Denn er setzt an die Stelle des Unbedingten nicht nur eine unvermittelte Unmittelbarkeit – die ursprüngliche Tathandlung, in der das Ich sich selbst setzt – sondern er ersetzt auch die *Totalitäts*perspektive des kantischen Vernunftgebrauchs, der sich auf *Ideen* rich-

---

13 Karl Leonhard Reinhold, Über das Fundament des philosophischen Wissens, hg. v. W. H. Schrader, Hamburg 1978, S. 78.

tet, durch eine *Einheits*perspektive, die sich auf *Prinzipien* oder Grundsätze richtet. Das Unbedingte ist nicht mehr das angestrebte Resultat der der Vernunft eigentümlichen Denkbewegung, des Schließens, sondern unmittelbare Voraussetzung der Vernunft, und es wird mit dem transzendentalen Ich in Verbindung gebracht.

Auch für den jungen Friedrich Wilhelm Joseph Schelling (1775–1854), der sich an Fichte anschließt, ist das Ich als Prinzip der Philosophie eine schlechthin (d. h. absolut) unmittelbare Voraussetzung, mit der die Philosophie beginnen müsse.[14]

Schelling

Eine andere Strategie verfolgt die Frühromantik bei ihrem Versuch, das Unbedingte nicht als absolutes Ich, sondern als das Absolute schlechthin im Sinne der spinozistischen Substanz zu denken. Es ist, wie das Unbedingte bei Kant, nicht Prinzip, sondern Idee als Fluchtpunkt einer vermittelnden Denkbewegung. Sowohl Friedrich von Hardenberg (Novalis, 1772–1801) als auch Friedrich Schlegel (1772–1829) be-

Frühromantik

---

14 Vgl. Birgit Sandkaulen, *Ausgang vom Unbedingten. Über den Anfang in der Philosophie Schellings*, Göttingen 1990.

gründen Philosophie daher im Entzug eines Unbedingten, dem wir uns unendlich annähern, das wir aber nie »haben«.[15] Als Resultat wäre dieses Absolute (das bei Schlegel zudem als prozessierende Totalität der ›Welt‹ gedacht wird)[16] zwar unmittelbar im Sinne der Selbstbezüglichkeit, jedoch eine vermittelte, keine unvermittelte Unmittelbarkeit. Dies gilt auch für die epistemische Relation zum Absoluten. ›Intuition‹ und ›Enthusiasmus‹, welche sich auf das Absolute beziehen, sind bei Schlegel immer mit der Reflexion vermittelt;[17] »die unmittelbare Anschauung der Schöpfung fehlt uns ewig«.[18] Ebenso lehnt Novalis einen privilegierten Zugang zum Absoluten durch eine unmittelbare Erkenntnisweise

---

15 Vgl. Manfred Frank, ›Unendliche Annäherung‹. Die Anfänge der philosophischen Frühromantik, Frankfurt/Main 1997.
16 Vgl. Friedrich Schlegel, Transcendentalphilosophie, hg. v. M. Elsässer, Hamburg 1991, S. 42.
17 Vgl. ebd., S. 19.
18 Friedrich Schlegel, Philosophische Lehrjahre 1, in: ders., Werke. Kritische Ausgabe, hg. v. E. Behler et al., Bd. 18, Paderborn u. a. 1963, S. 160, Nr. 442.

ab, weil diese sich nicht selbst reflektieren und daher auch nicht zur Reflexion vermitteln könne: »Das Gefühl kann sich nicht selber fühlen«.[19]

Im Unterschied zu seinen frühromantischen Weggefährten und in bewusster Nähe zu Jacobi setzt Friedrich Schleiermacher (1768–1834) auf eine unmittelbare Erkenntnis des als unvermittelte Unmittelbarkeit vorgestellten Absoluten. Bereits in den *Reden über die Religion* (1799) geht er von einer Unmittelbarkeit des Gefühls bzw. der Anschauung des Universums aus.[20] Auch in seiner späteren *Dialektik* und *Glaubenslehre* gründet er sowohl das philosophische Wissen als auch das religiöse Bewusstsein auf ein unmittelbares Selbst-

Schleiermacher

---

19 Novalis, *Schriften*, Bd. 2, hg. v. R. Samuel in Zusammenarbeit mit H.-J. Mähl und G. Schulz, Darmstadt 1981, S. 114, Nr. 15.

20 Vgl. Andreas Arndt, »Gefühl und Reflexion. Schleiermachers Stellung zur Transzendentalphilosophie im Kontext der zeitgenössischen Kritik an Kant und Fichte«, in: W. Jaeschke (Hg.), *Transzendentalphilosophie und Spekulation. Der Streit um die Gestalt einer ersten Philosophie (1799–1807)*, Hamburg 1993, S. 105–126.

bewusstsein als Gefühl. In der *Dialektik* ist dabei der transzendentale Grund alles Wissens und Handelns – der mit der Idee Gottes gleichgesetzt wird – als unvermittelte Unmittelbarkeit oder relationslose Identität gedacht, welcher als *terminus a quo* Prinzip des werdenden Wissens ist. Das Ziel des Wissens und Handelns, der *terminus ad quem*, ist hingegen die Idee der Welt als Einheit von Gegensätzen, also eine vermittelte Unmittelbarkeit. Tatsächlich werden aber auch dem transzendentalen Grund, sofern er zum Wissen und Handeln vermitteln muss, Reflexionsleistungen aufgebürdet, die ihm – entgegen seiner Modellierung als relationslose Identität – ebenfalls eine interne Reflexivität zuschreiben.[21]

Hegel

Aus solchen Aporien der unvermittelten Unmittelbarkeit zieht Georg Wilhelm Friedrich Hegel (1770–1831) die Konsequenz, dass der abstrakte Gegensatz von Unmittelbarkeit und Vermittlung

---

21 Vgl. Andreas Arndt, »Unmittelbarkeit als Reflexion. Voraussetzungen der Dialektik Friedrich Schleiermachers«, in: K.-V. Selge (Hg.), *Internationaler Schleiermacher-Kongreß Berlin 1984*, Berlin und New York 1985, S. 469–484.

überwunden, d.h. die Unmittelbarkeit durchgängig vermittelt werden müsse. Entsprechend wendet er sich vor allem dagegen, der Philosophie ein Prinzip unmittelbar vorauszusetzen;[22] zwar ist der Anfang ein unbestimmtes Unmittelbares, jedoch müsse dieses begrifflich erst erschlossen werden, um seine Wahrheit zu enthüllen.[23] Indem die Philosophie auf dem Wege des absoluten Erkennens das anfängliche Unmittelbare vermittle, gebe es »nichts im Himmel oder in der Natur oder im Geiste oder wo es sei, was nicht ebenso die Unmittelbarkeit enthält als die

---

22 In der *Phänomenologie des Geistes* polemisiert Hegel deshalb gegen eine »Begeisterung, die wie aus der Pistole mit dem absoluten Wissen unmittelbar anfängt« (*Gesammelte Werke*, Bd. 9, hg. v. W. Bonsiepen und R. Heede, Hamburg 1980, S. 24).

23 Zur Problematik dieser Unmittelbarkeit des Anfangs vgl. Andreas Arndt, »Die anfangende Reflexion. Anmerkungen zum Anfang der ›Wissenschaft der Logik‹«, in: ders. und C. Iber (Hg.), *Hegels Seinslogik. Interpretationen und Perspektiven*, Berlin 2000, S. 126–139.

Vermittlung, so daß sich diese beiden Bestimmungen als *ungetrennt* und *untrennbar* und jener Gegensatz sich als ein Nichtiges zeigt.«[24] Diese Einheit von Unmittelbarkeit und Vermittlung kommt schließlich darin zur Geltung, dass die anfängliche, unvermittelte Unmittelbarkeit im Ergebnis der Vermittlung als vermittelte Unmittelbarkeit wiederhergestellt und die Vermittlung in die Unmittelbarkeit aufgehoben wird. Diese reflektierte oder vermittelte Unmittelbarkeit steht letztlich für die reine Selbstbezüglichkeit der absoluten Idee, die jede Äußerlichkeit getilgt hat und sich insofern unmittelbar, ohne Beziehung auf ein Anderes, auf sich selbst bezieht.

Hegel-Kritik: neue Unmittelbarkeiten

Hegels Philosophie wurde zunächst vor allem von christlich-orthodoxen Positionen aus als ›Panlogismus‹ angegriffen und mit einem absoluten Vermittlungsdenken identifiziert. Die Vermittlung der Unmittelbarkeit war zugleich (und nicht nur im Falle Schleiermachers) die Aufhe-

---

24 G. W. F. Hegel, *Wissenschaft der Logik. Die Lehre vom Sein*, in: ders., *Gesammelte Werke*, Bd. 21, hg. v. F. Hogemann und W. Jaeschke, Hamburg 1985, S. 53.

bung des Residuums einer philosophischen Gottesidee im Modus des Glaubens. Aber auch die philosophischen, z.T. selbst religionskritischen Gegner Hegels versammeln sich im Vormärz unter der Fahne der Unmittelbarkeit, die heterogene Positionen wie die Trendelenburgs, Schopenhauers, Feuerbachs, Kierkegaards, Moses Hess', Stirners und des späten Schelling vereint. Solche Unmittelbarkeit bezieht ihren Zauber aus der Negation der begrifflichen Vermittlung, die als blutleere Abstraktion hingestellt wird; sie verheißt demgegenüber das Geheimnis des Unbegreiflichen und Unverfügbaren, und sei es das Geheimnis des wirklichen, sinnlichen Lebens, das sich keiner Reflexion erschließe. Diese Unmittelbarkeit wird der Hegel'schen als eine ›wahre‹ oder ›neue‹ Unmittelbarkeit entgegengesetzt, die sich auch mit Hegel'schen Mitteln nicht mehr vermitteln lasse. Der Zauber solcher Unmittelbarkeiten bleibt auch im weiteren Verlauf des 19. Jahrhunderts und im 20. Jahrhundert ungebrochen. Vertreter der Psychologie des 19. Jahrhunderts wie Wilhelm Wundt (1832–1920) und Wilhelm Dilthey (1833–1911) setzen auf unmittelbare Wahrnehmungen bzw. unmittelbares Erleben ebenso wie Edmund Husserl (1859–1938) und Henri Bergson (1859–1941) auf unmittelbare Gewissheiten und Intuitionen. Auch Martin Heidegger (1889–1976) wendet sich entschieden gegen ein Vermittlungsdenken, auch wenn er für seine Position den Ausdruck ›Unmittelbarkeit‹ weitgehend vermeidet.[25] Auf einer anderen, auf Aristoteles zurückgehenden Linie liegt die Inanspruchnahme des Unmittelbaren als Prinzip im logischen Positivismus.[26]

Kritik der Unmittelbarkeit

Gegen die Berufung auf Unmittelbarkeiten wendet sich Karl Marx (1818–1883), der in dieser Hinsicht aus der Hegel-Kritik des 19. Jahrhunderts ausschert. Indem er die »wirkliche Vermittlung« von derjenigen Vermittlung unterscheidet, »welche die wirkliche Idee«, d. h. die Idee im Sinne der *Wissenschaft der*

---

25 Vgl. Martin Heidegger, *Identität und Differenz*, Pfullingen 1957, S. 19.

26 Vgl. ausführlicher Andreas Arndt, »Unmittelbarkeit«, in: *Historisches Wörterbuch der Philosophie*, Bd. 11, Basel 2001, Sp. 236–241; vgl. auch ders., »Vermittlung«, in: ebd., Sp. 722–726.

Logik – mit sich selbst vornimmt«,[27] besteht er auf Grenzen der *Selbst*vermittlung, d.h. der Aufhebung der Vermittlung in die vermittelte Unmittelbarkeit einer reinen Selbstbeziehung. In der Konsequenz dieser Kritik setzt Marx Hegel nicht eine unvermittelte Unmittelbarkeit, sondern einen anderen Begriff der Vermittlung entgegen, der als *gegenständliche* Vermittlung bezeichnet werden kann.

Auch Friedrich Nietzsche (1844–1900) kritisiert die Berufung auf Unmittelbarkeiten, obwohl diese Kritik ambivalent bleibt, sofern gefragt werden muss, ob Intensitäten wie ›Macht‹ nicht *de facto* auch den Status von Unmittelbarkeiten haben. Die Kritik des ›postmodernen‹ Differenzdenkens (Derrida, Lyotard u.a.) an der Präsenz eines Ursprungs richtet sich ebenso gegen die Unmittelbarkeiten; auch hier ist jedoch – genauso wie im Blick auf das ›Nichtidentische‹ bei Adorno – zu fragen, ob diese Kritik mit der Differenz und Nichtidentität nicht Unmittelbarkeiten sta-

---

27 Karl Marx, »Zur Kritik des Hegelschen Staatsrechts« (1843), in: *Marx-Engels-Werke* (MEW), Bd. 1, S. 203–333, hier S. 206.

tuiert, die als Voraussetzung der Vermittlungen fungieren. Alle diese Konzeptionen – einschließlich der Marx'schen – werfen das Problem auf, ob eine Grenze der Selbstvermittlung systemischer Totalitäten nicht auf der anderen Seite zu einer Grenze der Vermittlung überhaupt und damit der Restitution von Unmittelbarkeiten führt. Dem wird im Folgenden in der detaillierteren Erörterung der systematisch maßgebenden Positionen noch weiter nachzugehen sein.

Unmittelbares Selbstbewusstsein

Fichtes Versuch, die unvermittelte Unmittelbarkeit der Selbstkonstitution des absoluten Ich als obersten Grundsatz bzw. Prinzip der *Wissenschaftslehre* zu erweisen, findet über die Funktion dieses Prinzips für die Grundlegung und Architektonik der *Wissenschaftslehre* hinaus deshalb besondere Beachtung, weil hier ein für die Theorie der Subjektivität zentrales Problem, das Problem des Selbstbewusstseins, verhandelt wird. Als einen solchen systematisch noch immer aktuellen Beitrag hat Dieter Henrich den Anfang der *Wissenschaftslehre* gelesen. Er versteht ihn als Einsicht in die zirkuläre Struktur dessen, was er die Reflexionstheorie des Selbstbewusstseins nennt. Diese Theorie betrachte Selbstbewusstsein reflexiv als Selbstobjektivierung des Ich, das sich auf sich nach dem Muster der Vorstellung von Gegenständen zurückwendet.[28]

Der Zirkel der Reflexion

Die Reflexionstheorie des Selbstbewusstseins ende jedoch bei näherer Betrachtung, wie immer man sie auch ansetze, in einer *petitio principii*. Objektiviere und reflektiere sich nämlich *das Ich* selbst, so müsse es sich schon *als Ich* haben, d.h. das Ergebnis der Reflexion werde in den Prämissen vorausgesetzt. Dieser Konsequenz sei auch nicht dadurch zu entgehen, dass das Ich als Subjekt der Reflexion etwas anderes sei als das Ich als Folge der Reflexion. Da Selbstbewusstsein in der Identität der Relate (Ich=Ich) bestehe, müsse das reflektierende Ich eben doch schon selbstbewusstes Ich sein oder die Identität der Relate werde nicht erreicht. Nach Henrich führt die Überlegung, wie das Subjekt wissen könne, dass sein Objekt mit ihm selbst identisch sei, ebenfalls auf einen Zirkel. Denn es könne die Identität nur feststellen,

---

28 Dieter Henrich, »Fichtes ursprüngliche Einsicht«, in: D. Henrich und H. Wagner (Hg.), *Subjektivität und Metaphysik. Festschrift für Wolfgang Cramer*, Frankfurt/Main 1966, S. 188–232.

wenn es zuvor schon von sich wisse, mithin setze die Reflexionstheorie auch in dieser Hinsicht voraus, was ihr Ergebnis sein solle.[29]

Auf den ersten Blick erscheint die so exponierte Problematik des Selbstbewusstseins als ein Spezialfall dessen, was Jacobi als unendlichen Regress des Begründens namhaft macht. Indem in der Kette des Bedingten jeder Erweis von etwas schon Erwiesenem abhängig sei, müsse der unendliche Regress des Begründens durch ein unmittelbares Fürwahrhalten abgebrochen und damit allererst das Wissen auf einen festen Grund gestellt werden.[30] Der Unterschied besteht darin, dass es sich – folgt man den dargelegten Prämissen – beim Selbstbewusstsein nicht um eine Beziehung auf Anderes (wie im Falle der Vermittlung des Bedingten), sondern *per se* um eine Selbstbeziehung handelt. Hieran lässt Henrich keinen Zweifel: Die Kenntnis der Identität des Ich=Ich könne dem Subjekt-Ich »durch keine Nachricht

---

29 Vgl. ebd., S. 193–195.
30 Vgl. F. H. Jacobi, *Schriften zum Spinozastreit*, a. a. O. (vgl. S. 15).

einer dritten Instanz zukommen. Denn das Phänomen des Selbstbewußtseins weist eine unmittelbare Beziehung zu sich selbst aus. Und die Theorie der Ich-Reflexion unterstellt in Übereinstimmung mit diesem Phänomen, daß Ich sich erfaßt *allein* durch seinen Rückgang in sich. Reflexion heißt Selbstbeziehung, nicht Beziehung auf ein Drittes«.[31]

Ursprüngliche, unmittelbare Selbstbeziehung

Hierbei geht es, wohlgemerkt, um den *Ursprung* oder die *Genese*, nicht um die formale Struktur des Selbstbewusstseins als Resultat seiner Entstehung. Angenommen wird eine zweistellige Relation unter Ausschluss jedes vermittelnden Dritten und demgemäß auch eine Reflexionsstruktur, in der die Selbstbeziehung nicht über die Beziehung auf Anderes zustande kommt, sondern als unmittelbare Rückwendung des Ich-Subjekts auf sich als Ich-Objekt gedeutet wird. Anders gesagt: Die Reflexion selbst, von der hier die Rede ist, hat die Struktur des Phänomens, das sie erklären soll, nämlich die einer *unmittelbaren* Selbstbeziehung. Sie *ist* das, was sie erklären soll,

---

31 Dieter Henrich, »Fichtes ursprüngliche Einsicht«, a. a. O. (vgl. S. 36), S. 194.

und setzt es insofern auch tatsächlich voraus. Eine unmittelbare Beziehung kann *per definitionem* nichts vermitteln und damit auch nicht genetisch erklären, sondern höchstens ein Unmittelbares repräsentieren.

Dies lässt fragen, ob nicht der Reflexionsbegriff zu kurz angesetzt ist, wenn er auf die zweistellige Relation des Ich-Subjekts zum Ich-Objekt reduziert wird. Der Unterschied liegt darin allein in der Stellung des Ich, und insofern beschreibt diese Relation nur, was als elementare interne Reflexivität in dem Begriff des Selbstbewusstseins unterstellt wird, nämlich die Differenz des Ich-Subjekts vom Ich-Objekt in der Selbstbeziehung. Es ist fraglich, ob damit überhaupt eine Reflexionstheorie des Ursprungs des Selbstbewusstseins oder nur das der Unmittelbarkeit zugeschriebene Moment von Reflexivität bezeichnet ist. Zieht man vergleichsweise die Bewusstseinstheorien des 18. Jahrhundert heran, auf die auch Kant (ebenso wie in bestimmter Hinsicht auch Hegel) zurückgreift,[32] so

Beziehung auf Anderes

---

32 Vgl. Falk Wunderlich, *Kant und die Bewußtseinstheorien des 18. Jahrhunderts*, Berlin und

wird dort der Selbstbezug des Ich nicht dadurch hergestellt, dass sich das Ich *nach dem Muster* der Vorstellung von Gegenständen auf sich zurückwendet, sondern *durch* die Vorstellung von Gegenständen, nämlich dadurch, dass es Gegenstände von sich und insofern auch sich von den Gegenständen unterscheidet. Was immer auch hiergegen kritisch eingewendet werden mag: die Reflexionsstruktur ist eine völlig andere als die des sogenannten ›Reflexionsmodells‹ des Selbstbewusstseins. Die Selbstbeziehung ist hier vermittelt durch die Beziehung auf Anderes, welches kein Ich ist. Der Vorzug dieser komplexer angelegten Reflexionsstruktur besteht u.a. darin, dass sie über das reflexive Moment – den notwendigen Objekt-Charakter des Ich – im Selbstbewusstsein aufklärt, das sonst in einer unvermittelten Unmittelbarkeit des Selbstbezugs ein unbegriffenes Mysterium bleibt.

Das Andere als das Dritte der Selbstreflexion

Natürlich ist auch hier der Einwand möglich, das Ich müsse, um einen Gegenstand von sich unterscheiden zu können, schon immer als ein Ich in diese

---

New York 2004.

Beziehung eintreten, weshalb die Reflexion als Unterscheidung des Objekts vom Ich systematisch der Selbsterfassung des Ich nachgeordnet sei. Damit wird überhaupt Bewusstsein als konstituiert durch Selbstbewusstsein gedeutet. Dies tut Fichte in der *Wissenschaftslehre* 1794/95, indem er die Unterscheidung von Ich und Nicht-Ich dem obersten Grundsatz der Selbstkonstitution des Ich oder – was dasselbe ist – die Vermittlung bzw. Reflexion der Unmittelbarkeit unterordnet. Wird hingegen die Unmittelbarkeit (der Selbstbezug) als vermittelt begriffen, ergibt sich eine andere Problemkonstellation. Es gibt dann außerhalb der Beziehung des Ich-Subjekts auf das Ich-Objekt ein vermittelndes Drittes, das nicht Ich ist und das sehr wohl eine Identitätszuschreibung an das Ich adressieren könnte. Und weiterhin wäre zu fragen, ob sich über ein solches Drittes nicht erst ein erfülltes Selbstbewusstsein denken ließe, das mehr wäre als eine formale Identität, nämlich ein Ich als auch gegenüber und von anderen ›Ichen‹ identifizierbare Person. Und schließlich: Ist solch eine Vermittlung nicht Voraussetzung dafür, eine philosophische Theorie des Selbstbewusstseins anschlussfähig zu halten für das, was wir seitens der Entwicklungspsychologie über die Genese des Ich-Bewusstseins wissen?[33]

Gegenständlich vermitteltes Selbstbewusstsein

Die Auffassung einer unhintergehbaren, unvermittelten Selbstbezüglichkeit des Ich als Selbstbewusstsein lässt strenggenommen gar keinen Raum für eine Entwicklung des Ich *zum* Selbstbewusstsein: Sie setzt es als Ursprung schon immer voraus. Dagegen steht eine Auffassung, die man als *gegenständliche* Vermittlung des Selbstbewusstseins charakterisieren

---

33 Vgl. z. B. Jacques Lacan, »Das Spiegelstadium als Bildner der Ichfunktion«, in: ders., *Schriften*, Bd. 1, Weinheim und Berlin 1991, S. 61–70; Maurice Merleau-Ponty, *Keime der Vernunft. Vorlesungen an der Sorbonne 1949–1952*, München 1994. Hier wird nicht nur – was in den erwähnten Selbstbewusstseinstheorien ganz unterlassen wird – im Ich-Begriff zwischen Entwicklungsstadien unterschieden, sondern auch die Ich-Zuschreibung – schon von der Sprachform her – als reflexiv *durch Anderes vermittelt* analysiert (»Das« – ein Anderes – »bin ich!« ist der Satz des erwachenden Selbstbewusstseins).

könnte: »An dem Gegenstande wird [...] der Mensch *seiner selbst* bewußt: Das Bewußtsein des Gegenstands ist das *Selbstbewußtsein* des Menschen.«[34] Ganz in diesem Sinne polemisiert auch Marx: »In gewisser Art geht's dem Menschen wie der Waare. Da er weder mit einem Spiegel auf die Welt kommt, noch als Fichtescher Philosoph: Ich bin Ich, bespiegelt sich der Mensch zuerst nur in einem andern Menschen.«[35] Im Ergebnis läuft diese Auffassung eines gegenständlich vermittelten Selbstbewusstseins darauf hinaus, Selbstbewusstsein als Einheit zweier entgegengesetzter Aspekte zu verstehen, des Selbstbezugs und der Beziehung auf Anderes. Selbstsein ist dann nicht eine unmittelbare, identische Beziehung des Ich (als Subjekt) auf sich (als Objekt), sondern eine widersprüchliche Einheit von Selbst und Nicht-Selbst, Ich und Nicht-Ich. Darin verfehlt sich in der Tat das Ich in dem Maße, wie es sich, um seiner eige-

---

34 Ludwig Feuerbach, *Das Wesen des Christentums*, in: ders., *Gesammelte Werke*, hg. v. W. Schuffenhauer, Bd. 5, S. 34.
35 Karl Marx, *Das Kapital*, Bd. 1, Hamburg 1867, S. 18.

nen Voraussetzungen gewahr zu werden, auf Anderes beziehen und die Vorstellung einer reinen Selbstbespiegelung, in dem es sein unmittelbarer Ursprung wäre, aufgeben muss. Die narzisstische Kränkung des Ich, nicht Herr im eigenen Hause zu sein (Freud), liegt unabhängig von der Psychoanalyse bereits in dieser Theorie des Selbstbewusstseins.

Hegel

Auch für Hegel war das Selbstbewusstsein Einheit von Selbstbeziehung und Beziehung auf Anderes, wobei er gegenüber Fichte, aber auch gegenüber Kant, das Problem des Selbstbewusstseins systematisch abwertet. Es ist nicht Prinzip der Philosophie, sondern Phänomen des subjektiven Geistes. Dieses Selbstbewusstsein ist vermittelt durch die Negation seiner Unmittelbarkeit und der Begierde einerseits und durch die (intersubjektive) Anerkennung andererseits; so ist es »das affirmative Wissen seiner selbst im andern Selbst«.[36] Allerdings modelliert Hegel den Begriff des Geistes überhaupt und – in logi-

---

36 G. W. F. Hegel, *Enzyklopädie der philosophischen Wissenschaften im Grundrisse* (1830), § 436.

scher Hinsicht – den Begriff nach der Struktur des Selbstbewusstseins. In Abgrenzung zu Kant resümiert Hegel seine Theorie des Selbstbewusstseins in dem Abschnitt über die Idee des Erkennens in der *Begriffslogik*, dass sich »im unmittelbaren empirischen Selbstbewusstsein die absolute, ewige Natur desselben und des Begriffes offenbart [...], weil das Selbstbewußtsein eben der *daseiende*, also *empirisch wahrnehmbare* reine *Begriff*, die absolute Beziehung auf sich selbst ist, welche als trennendes Urteil sich zum Gegenstande macht und allein dies ist, sich dadurch zum Zirkel zu machen.«[37] Das Selbstbewusstsein ist Einheit der Selbstbeziehung und Beziehung auf Anderes, aber im Rahmen einer absoluten Selbstbezüglichkeit des Geistes bzw. des Begriffs, der sich entäußert und in diesem Anderen mit sich zusammengeht.[38] Die Vermittlung des

---

37 G. W. F. Hegel, *Wissenschaft der Logik. Die Lehre vom Begriff*, in: ders., *Gesammelte Werke*, Bd. 12, hg. v. F. Hogemann und W. Jaeschke, Hamburg 1981, S. 194.

38 Vgl. Christian Iber, »In Zirkeln ums Selbstbewußtsein. Bemerkungen zu Hegels Theorie der Subjektivität«, in: *Hegel-Studien* 35 (2000), S. 51–75.

(empirischen) Selbstbewusstseins hat ihren Grund in der absoluten Selbstbezüglichkeit einer vermittelten und vermittelnden Unmittelbarkeit.

Vermittelte und vermittelnde Unmittelbarkeit (Hegel)

Die allgemeine Struktur des Selbstbewusstseins, nach deren Muster Hegel auch Geist und Begriff denkt, vereinigt die Aspekte der Vermittlung und der Unmittelbarkeit, sofern sie Selbst- und Fremdbeziehung zusammenbringt. Dass beides überhaupt zusammengehört, ist auch dem Verstandesgebrauch des Alltagsbewusstseins nicht fremd: Unmittelbarkeit als *direkte* Beziehung ist gleichwohl noch immer Beziehung von wenigstens zwei Relaten und insofern Vermittlung. Diese Zweideutigkeit reflektiert Hegel, wenn er sagt, dass es »nichts *gibt*, nichts im Himmel oder in der Natur oder im Geiste oder wo es sei, was nicht ebenso die Unmittelbarkeit enthält als die Vermittlung«.[39] Für Hegel heißt dies auf der einen Seite, dass die anfänglichen

---

39 G. W. F. Hegel, *Wissenschaft der Logik. Die Lehre vom Sein*, a.a.O. (vgl. S. 30), S. 54.

Unmittelbarkeiten ihres Vermitteltseins zu überführen sind, und soweit er dies tut, realisiert die Dialektik der Negativität das Programm der aufklärerischen Skepsis, die das ›unmittelbare‹, fraglose Gegebensein von etwas nicht hinnimmt. Auf der anderen Seite hält Hegel an dem Konzept eines unmittelbaren Wissens fest, indem die Vermittlung wiederum in die Unmittelbarkeit überführt werden soll. Dies ist die Erhebung des Geistes über den Schein der ›Welt‹, welche als »*Übergang* und *Vermittlung* [...] ebenso sehr *Aufheben* des *Überganges* und der Vermittlung« so ist, dass »in dieser Vermittlung selbst die Vermittlung aufgehoben wird.«[40] Hegel unterscheidet demnach zwischen dem Schein der Unmittelbarkeit und der wahren, aus der Vermittlung wiederhergestellten Unmittelbarkeit, aber er bezieht beide dadurch aufeinander, dass die Vermittlung, in welcher die scheinhaften Unmittelbarkeiten aufgehoben sind, ihrerseits in eine Unmittelbarkeit überführt wird, welche als Grund der Vermittlungen zugleich der Grund des Scheins von Unmittelbarkeit ist. Die Unmittelbarkeit, wie

---

40 G. W. F. Hegel, *Enzyklopädie* (1830), § 50.

Hegel sie denkt, ist nicht allein nur *vermittelte* Unmittelbarkeit, sondern ebenso Ursprung, *vermittelnde* Unmittelbarkeit.

Im Gang der *Wissenschaft der Logik* kommt dies darin zum Ausdruck, dass der Anfang mit einem unvermittelten, bestimmungslosen ›reinen Sein‹ gemacht wird, das sich zugleich als reines Nichts zeigt, so dass nur das schon immer Umgeschlagensein des Seins in Nichts und umgekehrt übrigbleibt, das Werden. Ungeachtet aller hier nicht zu erörternden Probleme dieses nach Hegel voraussetzungslosen Anfangs kann gesagt werden, dass hier die fundamentale Kritik der unvermittelten Unmittelbarkeit und ihrer Überführung in Vermittlung kraft der im ›Nichts‹ sich ankündigenden Negativität vorliegt. Fundamental ist diese Kritik in zweifacher Hinsicht. Sie richtet sich zunächst gegen die Bestimmungslosigkeit oder Inhaltsleere einer reinen Selbstbezüglichkeit, die gar nicht gedacht werden könne. Darin liegt die Notwendigkeit, die Reflexion als Beziehung auf Anderes in die Struktur der Selbstbezüglichkeit einzutragen, d.h. sie als in sich konkret und vermittelt zu denken. Und zweitens ist diese Kritik fundamental, weil es nach diesem

<small>Fundamentale Kritik der unvermittelten Unmittelbarkeit</small>

Anfang innerhalb der *Wissenschaft der Logik* keine unvermittelte Unmittelbarkeit mehr geben kann. Jede weitere Unmittelbarkeit im Fortgang der *Logik* ist mit dem Werden schon immer aus einer vermittelnden Bewegung hervorgegangen.

Fundamentale Affirmation der Unmittelbarkeit

Auf der anderen Seite ist die unvermittelte Unmittelbarkeit des Anfangs aber auch eine fundamentale Affirmation von Unmittelbarkeit. Sie ist zwar nicht Prinzip, Grund oder Ursprung – denn dies wird erst im Resultat der *Wissenschaft der Logik* als absolute Idee eingeholt –, aber sie ist das Fundament für die Affirmation der Unmittelbarkeit als absolute Selbstbezüglichkeit des Begriffs in der Idee. Die anfängliche, unvermittelte und bestimmungslose Unmittelbarkeit weist voraus auf die vermittelte, in sich reflektierte und erfüllte Unmittelbarkeit zum Schluss der *Wissenschaft der Logik*. Hegel selbst hat entsprechend bereits die Bestimmungslosigkeit des reinen Seins mit der Erhebung über das endliche, bestimmte Sein in Verbindung gebracht.[41] Die unbestimmte Un-

---

41 Vgl. G. W. F. Hegel, *Wissenschaft der Logik. Die Lehre vom Sein,* a.a.O. (vgl. S. 30),

mittelbarkeit des reinen Seins gilt demnach als eine erste, wenn auch unzureichende Manifestation des Absoluten, in der es sich – weil dieser Anfang schlechthin voraussetzungslos ist – selbst setzt. Die Voraussetzungslosigkeit des Anfangs wäre dann die Voraussetzung des Absoluten im Sinne der Hegel'schen Philosophie und der Beginn seiner Selbstexplikation. Das Resultat der Logik ist deshalb auch, indem es sich die Form der Unmittelbarkeit gegeben hat, »selbst ein solches, wie das *Anfangende* sich bestimmt hatte.«[42] Indem die Idee als der rein selbstbezügliche Begriff der Entwicklung der reinen Gedankenbestimmungen in der *Logik* zugrunde liegt und im Anfang *an sich* schon da ist, kann gesagt werden,

---

S. 80: Es sei daran zu erinnern, »daß der Mensch sich zu dieser abstrakten Allgemeinheit in seiner Gesinnung erheben soll, in welcher es ihm in der Tat gleichgültig sei, ob die hundert Taler [...] seien oder ob sie nicht seien, ebensosehr als es ihm gleichgültig sei, ob er sei oder nicht, d. i. im endlichen Leben sei oder nicht«.

42 G. W. F. Hegel, *Wissenschaft der Logik. Die Lehre vom Begriff*, a. a. O. (vgl. S. 45), S. 248.

dass die *vermittelte* Unmittelbarkeit bei Hegel zugleich eine *vermittelnde* als Grund dieser Entwicklung ist.

Anders gesagt: Die Modellierung des Begriffs als reine Selbstbezüglichkeit nach dem Muster des Selbstbewusstseins führt dazu, dass jede Vermittlung letztlich auf die unmittelbare Einheit eines Ganzen zurückgeführt wird. In dieser Einheit von Unmittelbarkeit und Vermittlung, welche die Unmittelbarkeit als vermittelnd setzt, liegt das Problem der Hegel'schen Rede von ›Unmittelbarkeit‹. Die Unmittelbarkeit als vermittelte und vermittelnde ist nichts anderes als das Ganze der Vermittlungen. Mit der Auszeichnung dieses Ganzen als Unmittelbarkeit kommt aber zugleich die Behauptung ins Spiel, diese Vermittlungen strukturierten sich als eine quasi-subjektive, selbstbezügliche systemische Einheit. Dies bedeutet mehr, als die triviale Feststellung, dass innerhalb des Ganzen Alles mit Allem zusammenhängt. Es bedeutet vielmehr, dass es so miteinander zusammenhängt, dass jedes Verhältnis nur als die Selbstunterscheidung einer Einheit gedacht wird, die darum zugleich das immanente *telos* aller Vermittlungen darstellt.

Dieses Problem wird die nachhegelsche Philosophie beschäftigen und verlangt daher einen näheren Blick auf die Hegel'sche Begründung.

Die Einheit von Unmittelbarkeit und Vermittlung denkt Hegel systematisch in seiner Logik der Reflexion, indem er in der *Wesenslogik* die setzende, die äußere und die bestimmende Reflexion unterscheidet und auseinander hervorgehen lässt.[43] Zur Überleitung in dieses Reflexionskapitel rekapituliert Hegel noch einmal die Ausgangslage. In der *Seinslogik* entstehe dem unmittelbaren Sein des Anfangs gegenüber ein unmittelbares Nichtsein, deren Wahrheit das Werden ist. Als aufgehobenes Sein ist das Wesen gewissermaßen die Realisierung der Unmittelbarkeit des Nichtseins. Dies kehrt das Verhältnis gegenüber der *Seinslogik* um. War dort – wie im Anfang – das Sein der Ausgangspunkt des Werdens mit dem Nichtsein oder der Negation als Grenze, so ist jetzt – auf der Ebene

Das Wesen als negative Unmittelbarkeit

---

43 G. W. F. Hegel, *Wissenschaft der Logik. Die Lehre vom Wesen*, in: ders., *Gesammelte Werke*, Bd. 11, hg. v. F. Hogemann und W. Jaeschke, Hamburg 1978, S. 249–257.

der *Wesenslogik* – das Nichts oder die Negation der Ausgangspunkt, und das Werden im Wesen ist nicht die Bewegung zur Bestimmtheit des Seins durch Negation, sondern »die *Bewegung von Nichts zu Nichts und dadurch zu sich selbst zurück.*«[44] Vor dem Hintergrund der *Seinslogik* ist dies so zu lesen, dass die Bestimmtheit als Negation des Seins dieses vollständig bestimmt und damit negiert; was übrig bleibt, ist die Beziehung der Negation auf das Negierte als das Nichts. Das Andere innerhalb dieser Bewegung sei nicht das »Nichtsein eines Seins« (d.h. die Bestimmtheit spinozistisch als Negation gedacht), sondern das »Nichts eines Nichts«, d.h. das Sein oder das Andere als verschwindendes Moment in der Selbstbezüglichkeit des Nichts. Die unmittelbare Selbstbeziehung dieses Nichts bezeichnet eine aus der Seinslogik hervorgegangene und insofern vermittelte Unmittelbarkeit, die als Aufhebung des Seins alle Gegenständlichkeit hinter sich gelassen hat und sie aus ihrer Selbstbeziehung heraus *als* deren verschwindendes Moment erzeugt. Das heißt: Diese negative Unmit-

---

44   Ebd., S. 250.

telbarkeit vermittelt nicht Etwas (die Reflexion ist eine ohne Relate), sondern sich selbst. Das Wesen ist »Unmittelbarkeit, die als die reine Vermittlung oder als absolute Negativität Unmittelbarkeit ist.«[45]

Dies gilt aber noch nicht für das Wesen, wie es aus der Seinslogik herkommt. Es steht hier dem Unwesentlichen bzw. dem Schein gegenüber, und beides sind »Reste des Seins«.[46] Das Wesen steht daher als ein Unmittelbares dem Unwesentlichen bzw. Schein entgegen, d. h. dem, woraus es herkommt. Die Aufgabe besteht, Hegel zufolge, nun darin, aufzuzeigen, dass das Unwesentliche (die Sphäre des Seins) nur Schein und der Schein das Scheinen des Wesens in sich selbst ist »als die unendliche Bewegung in sich, welche seine Unmittelbarkeit als die Negativität und seine Negativität als die Unmittelbarkeit bestimmt«.[47] Die erwähnte Umkehrung des Verhältnisses von Sein und Negativität gegenüber der *Seinslogik* ist hier zu vollziehen, denn das Sein als Schein des Wesens

---

45 Ebd., S. 249.
46 Ebd.
47 Ebd.

in sich selbst ist jenes Sein, das auf dem Weg von Nichts zu Nichts als verschwindendes Moment aufblitzt. Reflexion ist für Hegel nur ein anderes Wort für Schein, und insofern hat die Theorie der Reflexion die Aufgabe, die mit der Aufhebung des Seins vollzogene Entgegenständlichung zu ratifizieren.[48]

Setzende Reflexion

Die setzende Reflexion ist nichts anderes als die Unmittelbarkeit des Scheins. Dieser Schein ist Bewegung von Nichts zu Nichts, die sich auf sich beziehende Negativität oder das Negieren ihrer selbst. Er hat zwei Aspekte: Die Unmittelbarkeit als Gleichheit mit sich und die Unmittelbarkeit, die sich negiert. In die Figur der setzenden Reflexion zeichnet Hegel die Struktur der Selbstkonstitution des Ich im obersten Grundsatz der Fichte'schen *Wissenschaftslehre* ein. Sie ist als absolute Selbstbeziehung ohne weiteren

---

48 Sofern die Reflexion auf die Vermittlungsstruktur der Arbeit bezogen werden kann, erfolgt hier die Entgegenständlichung in Parallele zur Entnaturalisierung im Hegel'schen Arbeitsbegriff; vgl. Andreas Arndt, *Die Arbeit der Philosophie*, Berlin 2003, S. 41 ff.

Inhalt (und insofern des ›Nichts‹) nichts als die Gleichheit mit sich, aber ebenso unterschieden in die Momente der Beziehung des Ich=Ich, der elementaren Reflexivität, durch die das Ich zu sich zurückkehrt. Die Unmittelbarkeit als Gleichheit mit sich ist demzufolge »erst als die Rückkehr oder als die Reflexion selbst«.[49] Sie ist vermittelte Unmittelbarkeit oder Gesetztsein. In dieser Vermittlung jedoch ist, wie Hegel betont, »nicht ein Anderes vorhanden«.[50] Im Unterschied zum empirischen Selbstbewusstsein ist die Reflexion selbst als unmittelbar gedacht und nicht durch ein Drittes vermittelt. Sie entspricht insoweit dem, was Henrich als Reflexionstheorie des Selbstbewusstseins vorgeführt hat.[51]

Dadurch aber, dass der Grund der Vermittlung ihr als unmittelbar entzogen wird, wird die Reflexion zur äußerlichen, die sich gleichsam verdoppelt: Sie ist ebenso das vorausgesetzte Unmittelbare wie

Äußerliche Reflexion

---

49 G. W. F. Hegel, *Wissenschaft der Logik. Die Lehre vom Wesen*, a.a.O. (vgl. S. 53), S. 251.
50 Ebd.
51 Siehe S. 35 in diesem Band.

die als negativ sich auf sich beziehende Reflexion. Im Blick auf die Theorie des Selbstbewusstseins ließe sich sagen: Sie ist ebenso die in der Reflexion schon immer vorausgesetzte Unmittelbarkeit des Ich wie auch die negative (vom Ich-Objekt ins Ich-Subjekt zurückkehrende) Selbstbeziehung. Es ist hier aber, wie Hegel einschärft, von der Reflexion überhaupt und nicht im (endlich-) subjektiven Sinne von der Reflexion des Bewusstseins (also auch Selbstbewusstseins) oder Verstandes die Rede.[52] Sie ist diejenige Reflexion, die überhaupt »vom unmittelbaren Sein«[53] anfängt und an ihm Bestimmungen setzt, gegen die das vorausgesetzte Unmittelbare gleichgültig ist. In dieser Reflexionsform ist die Willkür dessen modelliert, was Hegel vor allem in seiner Jenaer Zeit als Reflexionsphilosophie der Subjektivität bekämpft. In ihrem Setzen bleibt sie bei sich, eingekapselt in die Äußerlichkeit und Subjektivität der Reflexion.

---

52 Vgl. ebd., S. 254. – Der allgemeine Begriff der Reflexion schließt aber die Selbstreflexion des Ich mit ein.
53 Ebd., S. 255.

Das Unmittelbare für die äußere Reflexion ist aber aus Hegels Sicht ebenso ein von ihr Gesetztes, ein Voraus-Gesetztes, sofern es als Sein aus der Selbstbeziehung der Negation entstanden ist. Das heißt: Die Unmittelbarkeit, die in der äußeren Reflexion als unabhängig von der Reflexion dieser vorausgesetzt worden ist, ist nicht etwas Selbständiges und der Reflexion Entzogenes, sondern das Andere als Moment der Selbstbeziehung der Negation. Indem sie diese Einheit des Setzens und Voraussetzens realisiert, wird die Unmittelbarkeit bestimmende Reflexion als das Zusammengehen mit dem Unmittelbaren, »und dieses Zusammengehen ist die wesentliche Unmittelbarkeit selbst«.[54] In ihr ist die Unmittelbarkeit als das Ganze der Reflexion aus der Vermittlung heraus wiederhergestellt, aber so, dass sie Unmittelbarkeit nicht als eine daseiende Entität, sondern in der notwendigen Beziehung auf *ihr Anderes* ist. Sie realisiert sich als Einheit von Selbst- und Fremdbeziehung.

Bestimmende Reflexion

Hegel unterstellt dabei, dass die Unmittelbarkeit mehr ist als nur ein not-

Selbstbezüglichkeit des Ganzen

---

54 Ebd., S. 253 f.

wendiger Schein endlicher Vermittlungen. Vielmehr sind diese Vermittlungen insgesamt in eine Vermittlungstotalität aufzuheben, in welcher sich das Absolute als Substanz-Subjekt mit sich selbst vermittelt und darin, als An-und-für-sich-Sein, Unmittelbarkeit realisiert. Als defizitär gelten nicht nur jene Unmittelbarkeiten, die unterhalb dieser spekulativen Totalität auftreten; Hegels Kritik der Unmittelbarkeiten ist ebenso Kritik derjenigen Vermittlungen, welche zu kurz greifen, um die Selbstbezüglichkeit einer absoluten Totalität herzustellen. Sie zielt auf die vermittelnde Unmittelbarkeit einer Totalität, welche zugleich das Vermittelnde ist.

Unmittelbare Selbstvermittlung als Selbstrepräsentation

Diese Verschränkung von Unmittelbarkeit und Vermittlung, welche in der Reflexionstheorie begründet wird, nimmt Hegel auch im Methodenkapitel zum Schluss der *Begriffslogik* wieder auf.[55] Der Anfang ist »das Einfache und Allgemeine« oder das »Unmittelbare«,[56] welches aber

---

55 G. W. F. Hegel, *Wissenschaft der Logik. Die Lehre vom Begriff*, a.a.O. (vgl. S. 45), S. 236–253.
56 Ebd., S. 240.

zugleich auch »*an sich* konkrete Totalität«,[57] d.h. in sich vermittelt ist. Nur unter dieser Annahme kann die Entwicklung der reinen Gedankenbestimmungen, um deren Methode es hier geht, als Selbstbewegung verstanden werden. In ihr bestimmt sich das anfängliche Allgemeine als das Andere seiner selbst, eine Bewegung, welche Hegel als Dialektik charakterisiert.[58] Dies kann nach Hegel auch so ausgedrückt werden, dass das anfängliche Unmittelbare sich als Vermitteltes bestimmt, welches auf Anderes bezogen ist.[59] Dieses Negativitätsverhältnis – das Selbstsein in der Beziehung auf Anderes – ist nun der Widerspruch, dessen Aufhebung »die Herstellung der ersten Unmittelbarkeit«[60] bedeutet. Es ist die zweite Unmittelbarkeit, aber im Unterschied zur ersten »*durch Aufhebung der Vermittlung*« oder als vermittelte Unmittelbarkeit: »das Dritte *ist* Unmittelbarkeit und Vermittlung, oder es *ist die Einheit* derselben« als »die sich mit sich selbst vermittelnde Bewegung

---

57 Ebd., S. 241.
58 Vgl. ebd., S. 242.
59 Ebd., S. 244.
60 Ebd., S. 247.

und Tätigkeit«.[61] Die wiederhergestellte, *vermittelte* Unmittelbarkeit ist daher auch hier zugleich *vermittelnd*, aber *was* sie vermittelt, ist nur das Präsentsein ihrer selbst im Anderen, welches *ihr* Anderes ist; diese Vermittlung ist *Selbstrepräsentation*.

Zwei Antworten auf Hegel

Die nachhegelsche Philosophie reagiert hierauf mit zwei grundsätzlich verschiedenen Positionen. Die erste, vorherrschende Strömung sieht sich veranlasst, gegen die totale Vermittlung Unmittelbarkeiten aufzubieten, die nicht vermittelbar seien. Diese Kritik ist damit verbunden, Hegel ein falsches Verständnis von ›Unmittelbarkeit‹ vorzuhalten, da er die ›wahre‹, unvermittelte und unvermittelbare Unmittelbarkeit nicht anerkenne. Eine andere Position nehmen Marx sowie Autoren wie Adorno und Plessner ein, die Hegels Kritik der unvermittelten Unmittelbarkeit grundsätzlich akzeptieren, die Einheit von Unmittelbarkeit und Vermittlung jedoch nicht im Hegel'schen Sinne als Selbstrepräsentation eines Absoluten verstehen. Diese zwei entgegengesetzten

---

61   Ebd., S. 248.

Strömungen der Hegel-Kritik sollen im folgenden näher beleuchtet werden.

Der Zauber der Unmittelbarkeiten

Hegel wurde und wird bis heute vorgeworfen, das wirkliche Sein in die blutleere Abstraktion des nur mit sich selbst beschäftigten Begriffs aufgelöst zu haben. Die Kritik an ihm im Namen einer Unmittelbarkeit, die dem Begriff widerstehe, verheißt im Gegenzug die unverkürzte Fülle des Daseins und die Geheimnisse eines für den Begriff unverfügbaren Seins, von denen Hegel nichts wisse. Solcher Zauber vermag sich aber nur dann einzustellen, wenn die unvermittelte Unmittelbarkeit – sei sie sinnliches Sein, menschliches Leben, Universum oder Gott – sich mitteilen, beglaubigen oder bezeugen und wenigstens in ein Halbdunkel stellen lässt, denn attraktiv ist, wie bekannt, nur ein öffentliches Geheimnis. Beim Wort genommen wäre die unvermittelte Unmittelbarkeit etwas, was sich jeder Form der Mitteilung schlechthin entzieht, opak und abwesend und damit gleichgültig für uns. Damit es mitgeteilt werden kann, muss es aus seiner selbstge-

Notwendigkeit der Mitteilung

nügsamen Abgeschlossenheit heraustreten oder in ihr aufgestört werden. Es muss sich öffnen für Anderes, d. h. vermitteln bzw. vermitteln lassen und darin zugleich wieder verschließen. In die unvermittelte Unmittelbarkeit ist somit von Anfang an eine elementare Vermitteltheit oder wenigstens Vermittlungsfähigkeit eingeschrieben, welche die Berufung auf die Unmittelbarkeit *gegen* die Vermittlung Lügen straft. Sie tritt nur deshalb nicht offen zutage, weil zu den Mysterien der Unmittelbarkeit auch die Entbegrifflichung ihrer Mitteilung gehört.

Die Berufung auf Unmittelbarkeiten hat aber auch Folgen in Bezug auf die Kritik der Metaphysik. Im Unterschied zu Kant, der die traditionelle Ontologie durch die transzendentale Analytik, d. h. durch den Zusammenhang der Verstandesbegriffe ersetzte, und im Unterschied zu Hegel, der metaphysische Entitäten – seien es die daseienden Dinge oder die Vernunftgegenstände Gott, Welt und Seele – in die absolute Relationalität der reinen Denkbestimmungen aufgehoben hat,[62] restituiert

Restitution metaphysischer Gegenstände

---

[62] Vgl. Christian Iber, *Metaphysik absoluter Relationalität*, Berlin und New York 1990.

das nachhegelsche Denken Unmittelbarkeiten als Identitäten und Entitäten auf der Ebene der vormaligen Ontologie bzw. *metaphysica specialis*.[63] Anders als in heutiger Sicht, die zumeist davon ausgeht, dass Hegel der Gipfel metaphysischen Denkens gewesen sei und nach ihm das auf Empirie orientierte nachmetaphysische Zeitalter begonnen habe, handelt es sich dabei durchaus nicht nur um ungewollte Effekte eines antispekulativen Denkens. Vorherrschend war vielmehr zunächst der Versuch, die in der Metaphysikkritik von Kant bis Hegel abhanden gekommenen Gegenstände und vornehmlich Gott als Gegenstand der Philosophie wiederzugewinnen.

Trendelenburg Dies kann, wie Adolf Trendelenburgs (1802–1872) Hegel-Kritik deutlich macht, durchaus mit einer empirischen Orientierung einhergehen. Nach ihm sollte die Logik als »Metaphysik der wirklichen Wissenschaften«[64] auftreten. Die unhinter-

---

63 Vgl. Walter Jaeschke, »Der Streit um die Metaphysik«, in: *Hegel-Handbuch*, Stuttgart und Weimar 2003, S. 530 ff.
64 Friedrich Adolf Trendelenburg, *Die logische Frage in Hegel's System*, Leipzig 1843, S. 50.

gehbare Differenz von Denken und Sein, von der Trendelenburg ausgeht, inspiriert nicht etwa ein antispekulatives Programm, sondern eine veritable Metaphysik. Denken und Sein seien zwar beide als Bewegung zu denken und insofern analogisch aufeinander bezogen, jedoch erneuere sich die Differenz immer wieder durch die Ungleichzeitigkeit des Werdens beider Seiten. Um dennoch das Wissen zu sichern und es nicht einem Relativismus preiszugeben, wird daher ihre Entsprechung auf einen letzten, nicht wissensmäßig vollziehbaren Grund zurückgeführt: die Idee des Absoluten als »Voraussetzung eines Geistes, dessen Gedanke Ursprung alles Seins ist«.[65] Der Unmittelbarkeit dieser Voraussetzung entspricht auf der Ebene des Seins etwas, was nicht aus der Selbstvermittlung des reinen Denkens mit sich entspringt. Nach Trendelenburgs Auffassung geht Hegels *Wissenschaft der Logik* uneingestanden auf Unmittelbares zurück, dass sie nur aufnehmen, aber nicht aus der Selbstbewegung des Begriffs erzeugen könne. »Unmittel-

---

[65] F. A. Trendelenburg, *Logische Untersuchungen*, Leipzig ³1870, Bd. 2, S. 510.

bar« ist das, »was aus nichts Anderem abgeleitet wird«,[66] das *ameson* im Sinne des Aristoteles. Mit diesem Unmittelbaren liege der *Logik* ein bestimmter Anschauungsinhalt zugrunde. Nun ist freilich das Aufnehmen des besonderen Anschauungsinhaltes auch für Trendelenburg ein Aufnehmen ins Wissen als Identität von Denken und Sein. Der Grund dieser vermittelten Einheit ist jedoch selbst wieder ein Unmittelbares, die Idee des Absoluten. So bleibt Trendelenburgs eigener Begriff der Unmittelbarkeit das, was er an Hegels Gebrauch dieses Terminus so vehement kritisiert hatte: ein zweideutiger Begriff, der zwischen der *negativen* Bedeutung des Nicht-Vermitteltseins *für* die Vermittlung und der *positiven* des An-und-für-sich-Seins der Vermittlung changiert.

Schelling   Auch Schelling wirft in seinen Vorlesungen zur Geschichte der neueren Philosophie Hegel vor, dass er »schon mit dem ersten Schritt seiner Logik *Anschauung* voraussetze und, ohne sie unterzuschie-

---

66   Ebd., Bd. 1, S. 68.

ben, keinen Schritt thun könnte«.[67] Diese Anschauung ist die einer unvordenklichen, gleichwohl aber in der Vernunft unmittelbar präsenten Wirklichkeit, welche der »unmittelbare Inhalt« der Vernunft sei.[68] In dieser Unmittelbarkeit, als Vernunftinhalt hat er aber etwas Zufälliges,[69] nämlich die Ungewissheit, *dass* er ist. Er ist Inhalt als ein Was, d. h. als eine Folge von Bestimmungen, in der die Vernunft mit sich zusammengeht, ohne das Seiende zu erreichen. Halt könnte die Vernunft nur an dem finden, was das Seiende selbst *ist*, von dem sie aber nur einen negativen Begriff hat, nämlich »den des nicht nicht Seyenden«.[70] An dieser Stelle bedarf die negative Philosophie der positiven, welche das Seiende »in seiner eignen Reinheit«[71] betrach-

---

67 F. W. J. Schelling, »Zur Geschichte der neueren Philosophie«, in: ders., *Sämmtliche Werke*, hg. v. K. F. A. Schelling, Bd. I, 10, S. 138.
68 F. W. J. Schelling, »Einleitung in die Philosophie der Offenbarung«, in: ders., *Sämmtliche Werke*, Bd. II, 3, S. 64.
69 Ebd., S. 66.
70 Ebd., S. 70.
71 Ebd., S. 79.

tet. Das der Vernunft Entzogene, an dem sie gleichwohl als Vernunft erst Halt und Gehalt gewinnt, ist ihr als ein Unmittelbares unmittelbar vorausgesetzt. Auf dieser Grundlage ist dann »der *unmittelbar* gesetzte Begriff des nothwendig Existirenden [...] der alle Kritik ausschließende«.[72]

›Zweite‹ Unmittelbarkeit

Sowohl bei Trendelenburg als auch bei Schelling ist das Unmittelbare eine Voraussetzung, die – angeblich unabweisbar – erst durch Schwierigkeiten der vermittelnden Reflexion motiviert wird. Sie hat, wie in der ganzen Geschichte der Unmittelbarkeit, nicht den Charakter einer Evidenz, die auch subjektiv vor aller Reflexion einleuchtet, sondern bedarf einer Hinführung, um als das in Wahrheit schon immer Vorausgesetzte einleuchten zu können. Insofern ist dieses Unmittelbare nicht das, was sich auf den ersten Blick zeigt, sondern eine neue oder zweite Unmittelbarkeit, welche

Feuerbach und Kierkegaard

der Reflexion bzw. Vermittlung folgt. Feuerbach und Søren Kierkegaard (1813–1855) haben dies deutlich ausgesprochen. In Feuerbachs *Grundsätzen der Philosophie der Zukunft* heißt es dazu: »Das *Sinnliche* ist *nicht*

---

72   Ebd., S. 166.

das *Unmittelbare in dem Sinne*, daß es das *Profane*, das *auf platter Hand Liegende*, das *Gedankenlose*, das *sich von selbst Verstehende* sei. Die unmittelbare, sinnliche Anschauung ist vielmehr *später* als die Vorstellung und Phantasie. [...] Die Aufgabe der Philosophie, der Wissenschaft überhaupt besteht daher *nicht* darin, von den *sinnlichen, d.i. wirklichen*, Dingen *weg*, sondern *zu ihnen hin zu kommen* – *nicht* darin, die *Gegenstände* in *Gedanken* und *Vorstellungen* zu verwandeln, sondern darin, das den *gemeinen Augen Unsichtbare sichtbar, d.i. gegenständlich*, zu machen.«[73] Nach Feuerbach gehen die Menschen von der unmittelbaren, gedankenlosen Vorstellung zu den in Gedanken übersetzten Dingen über, um dann erst durch die unmittelbare sinnliche Anschauung zu den Dingen selbst zu kommen. Geschichtsphilosophisch ist die sinnliche Unmittelbarkeit das Zeichen einer erst heraufzuführenden, nicht entfremdeten Zukunft. Eine ähnliche Unter-

---

73 Ludwig Feuerbach, *Grundsätze der Philosophie der Zukunft*, in: ders., *Gesammelte Werke*, hg. v. W. Schuffenhauer, Bd. 9, Berlin 1982, S. 325 f. (§ 44).

scheidung nimmt Kierkegaard vor, auch wenn die zweite Unmittelbarkeit nicht die Zukunft, sondern den ewigen Grund des menschlichen Daseins enthüllt: »Der Glaube ist nämlich nicht die erste Unmittelbarkeit, sondern eine spätere. Die erste Unmittelbarkeit ist das Ästhetische, und hier kann die Hegel'sche Philosophie wohl recht haben, aber der Glaube ist nicht das Ästhetische, oder auch: der Glaube war niemals da, weil er immer da war.«[74]

<small>Sprung in die neue Unmittelbarkeit</small>

Die Hinführung zur neuen oder zweiten Unmittelbarkeit bedeutet indessen nicht, dass jene vermittelt sei. Vielmehr wird kritisiert, dass Hegel nur die vermittelte, nicht aber die ›wahre‹, unvermittelte Unmittelbarkeit im Ergebnis seiner Kritik der ›ersten‹ Unmittelbarkeit gefunden und anerkannt habe. »Der Hegelschen Philosophie fehlt *unmittelbare Einheit, unmittelbare Gewißheit, unmittelbare Wahrheit*«.[75] Dies

---

74 Sören Kierkegaard, *Furcht und Zittern. Dialektische Lyrik von Johannes de Silentio*, übers. von L. Richter, Frankfurt/Main 1984, S. 76.
75 Ludwig Feuerbach, »Vorläufige Thesen zur Reformation der Philosophie«, in: ders., *Gesammelte Werke*, Bd. 9, a.a.O. (vgl. S. 71), S. 247.

sei die »unmittelbare, sonnenklare, truglose Identifikation« des Menschen mit sich, »der *ist* und *sich weiß* als die *wirkliche* (nicht imaginäre) *absolute Identität* aller Gegensätze und Widersprüche«.[76] Tatsächlich zeigt diese Formulierung, dass Feuerbach die unvermittelte Unmittelbarkeit als in sich konkret, d.h. unterschieden und damit vermittelt denkt. Solchen begrifflichen Bedenken entwindet sich Feuerbach dadurch, dass er – nicht ohne eine gewisse Emphase – die Unsagbarkeit des unmittelbaren Seins behauptet: »Das Sein, gegründet auf lauter [...] Unsagbarkeiten, ist darum selbst etwas Unsagbares. Jawohl, das Unsagbare. Wo die Worte aufhören, da fängt erst das Leben an«.[77] Der Zauber der Unmittelbarkeit entspringt dieser Geste: dem Verweis auf ein nicht entfremdetes Leben jenseits aller Entgegensetzungen. Tatsächlich zieht Feuerbach, indem er das Hegel'sche Absolute bzw. die Idee ebenso wie die Gottesvorstellungen als Projektionen des menschlichen

---

76 Ebd., S. 259 f.
77 Ludwig Feuerbach, »Grundsätze der Philosophie der Zukunft«, a.a.O. (vgl. S. 71), S. 308 (§ 28).

Gattungswesens versteht, nur die vermeinte oder tatsächliche Transzendenz ein, um sie mit allen Bestimmungen dem Menschen zurückzugeben. Wie Anthropologie im Feuerbach'schen Sinne Anthropotheologie ist, so ist das Wesen des Menschen das Absolute selbst: Seine unvermittelte ist die verleugnete vermittelte Unmittelbarkeit Hegels, die zur Verheißung der Durchsichtigkeit aller menschlichen Verhältnisse gemacht wurde.

Bruch und revolutionärer Voluntarismus

Solche Radikalisierung erfolgte vor dem Hintergrund gesellschaftlich-politischer Verhältnisse, welche als ›vernünftig‹ auch in dem Sinne nicht mehr angesehen und erlebt werden konnten, dass sie die Basis einer noch ausstehenden Verwirklichung der philosophisch bestimmten Vernunft bilden könnten.[78] Der philosophische Begriff wahrer Wirklichkeit wurde zum Kampfbegriff der Kritik des Bestehenden im Namen eines Seinsollenden. Die unvermittelte Unmittelbarkeit gerät dabei zum Signum eines radikalen Bruchs, eines Zustandes, den nichts mehr mit der drücken-

---

78 Vgl. Jaeschke, in: *Hegel-Handbuch*, a.a.O. (vgl. S. 66), S. 529.

den Gegenwart verbindet. Der Übertritt auf den Boden der Unmittelbarkeit bedeutet ein Sich-Losreißen, einen unvermittelten Sprung, vergleichbar dem *salto mortale* Friedrich Heinrich Jacobis. Und wie dort geht es auch hier um die Gewinnung einer Freiheitsperspektive, die freilich unmittelbare Wirklichkeit werden soll. Der politische Einsatz der neuen Unmittelbarkeit ist ein revolutionärer Voluntarismus.

Dies kündigt sich schon bei Bruno Bauer (1809–1882) an, wenn er die »Kritik des Bestehenden« als bewusstes Ergreifen des Seinsollenden beschreibt: »Das, was da ist und was *sein soll*, wird unterschieden. Das *Sollen* aber ist allein das Wahre, Berechtigte und muß zur Herrschaft und Gewalt gebracht werden«.[79] Dieser Schritt war in August von Cieszkowskis (1814–1894) *Prolegomena zur Historiosophie* (1838) dadurch vorbereitet worden, dass er das Denken als Antizipation eines Seins ansieht, das durch

---

79 »Die Posaune des jüngsten Gerichts über Hegel den Atheisten und Antichristen« (anonym Leipzig 1841), in: H. u. I. Pepperle (Hg.), *Die Hegelsche Linke. Dokumente zu Philosophie und Politik im Vormärz*, Frankfurt/Main 1986, S. 301.

den Willen heraufgeführt werden könne. In diesem Sinne proklamierte Johann Caspar Schmidt (Max Stirner, 1806–1856) 1842: »das *Wissen* muß sterben, um als *Wille* wieder aufzuerstehen und als freie *Person* sich täglich neu zu schaffen«.[80] Als Wille und freie Tat ist die neue Unmittelbarkeit das Ende der Philosophie. So sieht es auch Moses Hess (1812–1875) 1841, wobei er die Welt der absoluten Tat geschichtsphilosophisch als Rückkehr aus einer entfremdeten Welt vorstellt. War die Antike die »Welt der unmittelbaren oder objectiven Geistesthat«, so war die Moderne der »Vermittlungsproceß der absoluten Geistesthat, die deutsche Philosophie«, die sich aber »am Ende als die absolute Einheit aller Unterschiede« begreife, womit »die Vermittlung nothwendig aufhören und die That wieder beginnen muß«.[81]

---

80 Max Stirner, »Das unwahre Prinzip unserer Erziehung oder der Humanismus und Realismus«, in: *Die Hegelsche Linke*, a.a.O. (vgl. S. 75), S. 430.

81 Moses Hess, »Die europäische Triarchie«, in: W. Mönke (Hg.), *Philosophische und sozialistische Schriften 1837–1850*, Berlin ²1980, S. 77 f.

Auch jenseits solcher Utopien einer neuen, nicht entfremdeten Wirklichkeit bleibt der Zauber der Unmittelbarkeit ungebrochen, denn sie erscheint als das Refugium individueller Freiheit gegenüber dem Getriebe der Vermittlungen, das Abhängigkeit und Herrschaft bedeutet. In diesem Sinne affirmiert auch Gilles Deleuze (1925–1995) in *Différence et répétition* (1968) die Unmittelbarkeit im Rahmen eines »verallgemeinerten Antihegelianismus«. Gegen Negativität, Identität und Widerspruch, die für die Vermittlung stehen, mobilisiert er einen »Begriff negationsloser Differenz«.[82] Dieser soll verhindern, dass der Unterschied in den Zusammenhang eines Allgemeinen eingestellt wird, das Deleuze schlechthin als Herrschaft gilt, indem es die Differenzen zu Momenten seiner Selbstunterscheidung macht. Dadurch habe Hegel »das Unmittelbare entstellt und verfälscht«.[83] Diese ›Entstellung‹ der Unmittelbarkeit entstehe dadurch, dass sich das begriffliche Denken in Hierarchi-

Anarchie
(Deleuze)

---

82 Gilles Deleuze, *Differenz und Wiederholung*, München 1992, S. 12.
83 Ebd., S. 26.

en bewegt, um das Differente aufeinander zu beziehen. Dieser Identitätszwang könne nur »abgeblockt« werden durch eine »absolut begrifflose Differenz«, welche aus einer »überbegrifflichen positiven Kraft« hervorgehe.[84] Wahre Unmittelbarkeit und Begriffslosigkeit bedingen einander, denn »solange man die Differenz in den Begriff überhaupt einschreibt« habe man »keine singuläre Idee der Differenz und bleibt nur beim Element einer bereits durch die Repräsentation vermittelten Differenz stehen«.[85] In Wahrheit sei die »Differenz an sich selbst« die Bejahung, das »definite Unmittelbare«,[86] das – in einer neuen kopernikanischen Revolution – von den Vermittlungen und Identitäten umkreist werde. Dies konstituiere eine Dialektik »ohne Vermittlung, ohne Mittelbegriff oder *ratio*«; sie »agiert im Unmittelbaren und beruft sich eher auf die Eingebungen der Idee als auf die Erfordernisse des Begriffs überhaupt«.[87] Gegen die begrifflichen

---

84   Ebd., S. 33.
85   Ebd., S. 46 f.
86   Ebd., S. 83.
87   Ebd., S. 87.

Vermittlungen gelte es, »in den Tiefen des Unmittelbaren die Dialektik des Unmittelbaren, die gefährliche Prüfung ohne Faden und ohne Netz zu vollziehen«,[88] ein Prozess, in dem das Nicht-Authentische, das Mediokre oder Mittelmäßige (eben das Vermittelte) getilgt werde, denn »nach antikem Brauch – wie im Mythos oder Epos – müssen die falschen Bewerber sterben«.[89] Im Losreißen von der Vermittlung entsteht ein »Nomaden-Denken«[90], das sich als eine anarchistische Gegenmacht zum Bestehenden konstituieren soll.

Das aus den Untiefen der Unmittelbarkeit durch Selbstermächtigung aufsteigende Dasein solcher Nomaden ist alles andere als unschuldig. Die fröhliche Anarchie, die auf Vernunft und Allgemeinheit pfeift, hat ihre Kehrseite in dem Barbarentum jeglicher Couleur, das aus eigener Machtzuschreibung jederzeit bereit ist, die dünne Decke der Zivilisation im Frieden

<small>Die Kehrseite: Unmittelbarkeit der Hordenmentalität</small>

---

88 Ebd., S. 89.
89 Ebd.
90 Gilles Deleuze, »Nomaden-Denken«, in: ders., *Nietzsche, ein Lesebuch*, Berlin 1979, S. 105–121.

wie im Krieg zu zerreißen. Der Zauber der Unmittelbarkeiten ist vergiftet; hinter ihm lauern die Ungeheuer, welche die Vernunft bändigen wollte. Helmuth Plessner (1892–1985) analysiert bereits 1924 die Nachtseite der Unmittelbarkeit als Reaktion auf die Moderne: »Eine heroische Lebensauffassung, welche gegen die bürgerliche Welt der Abstraktionen und stellvertretenden Mittel, gegen den Verlust der Unmittelbarkeit, gegen die blutleere Mechanisiertheit sein muß, setzt sich nur im Zeichen der Gemeinschaft durch.«[91] Der Umschlag der Selbststeigerung in Hordenmentalitäten war das Schicksal vieler, vor allem europäischer, Intellektueller im 20. Jahrhundert. Die unheroische Alternative, die in den Vermittlungen die realen Möglichkeiten einer vernünftigen Gestaltung des gesellschaftlichen Lebens auslotet, ist demgegenüber das unspektakuläre Bekenntnis zur Zivilisiertheit, das im Angesicht der Barbarei Zivilcourage verlangt.

---

91 Helmuth Plessner, »Grenzen der Gemeinschaft. Eine Kritik des sozialen Radikalismus« (1924), in: ders., *Gesammelte Schriften*, Bd. 5, Frankfurt/Main 1981, S. 43.

Gegenständliche Vermittlung (Marx)

Das Verhältnis des jungen Marx zu den junghegelianischen Konzepten des Auszugs aus der entfremdeten Welt in die neue Unmittelbarkeit ist schwer zu durchschauen, weil er auf der einen Seite den unvermittelten Sprung in die neue Unmittelbarkeit kritisiert, auf der anderen Seite jedoch zunächst an dem Ziel einer geschichtlich heraufzuführenden vermittelten Unmittelbarkeit festhält. In einer vielzitierten Anmerkung zu seiner Dissertation kritisiert Marx schon 1841 das Konzept einer *unmittelbaren* Verwirklichung der Philosophie (in dem er übrigens eine Ignoranz und unphilosophische Wendung der Hegel'schen Schule sieht[92]). Die »*unmittelbare Realisierung* der Philosophie«, so heißt es dort, sei »ihrem innersten Wesen nach mit Widersprüchen behaftet, und dieses

Keine unmittelbare Verwirklichung der Philosophie

---

92 Vgl. Karl Marx, »Anmerkungen zur Doktordissertation«, in: MEW, Ergänzungsband 1, S. 311–366, hier S. 327.

ihr Wesen gestaltet sich in der Erscheinung und prägt ihr sein Siegel auf«.[93] Werde die Philosophie als Sollen oder Wille gegen die Wirklichkeit gekehrt, so werde sie zum Moment eines Reflexionsverhältnisses, d. h. eines Vermittlungsprozesses. Die »feindliche Diremtion der Philosophie mit der Welt« werde daher zur »Diremtion des einzelnen philosophischen Selbstbewußtseins in sich selbst« und erscheine schließlich »als eine äußere Trennung und Gedoppeltheit der Philosophie«[94] in der »*liberalen* Partei« und in der Partei der »*positiven Philosophie*«.[95] Erstere – die junghegelianische Partei der Philosophie des Selbstbewusstseins – sieht den Mangel an wahrer Wirklichkeit als unmittelbare Totalität auf Seiten der ›Welt‹, die Partei der positiven Philosophie – Schellings, der Spätidealisten u. a. – auf Seiten des *Begriffs*.

Vermittelte Unmittelbarkeit des Kommunismus

Den Gegensatz von liberaler und positiver Philosophie variiert Marx noch einmal 1843 als Gegensatz von praktischer

---

93 Ebd., S. 329.
94 Ebd., S. 331.
95 Ebd.

und theoretischer politischer Partei,[96] worin sich die Radikalisierung des Diskurses innerhalb der vormals ›liberalen‹ Partei, der Übergang von der Philosophie zur unmittelbaren Tat niederschlägt. Gegen diese Unmittelbarkeit erinnert Marx hier daran, dass die Verwirklichung der Philosophie einer materiellen Grundlage bedürfe; diese sei das Proletariat als das negative Allgemeine zur bürgerlichen Gesellschaft, welches den »völligen Verlust des Menschen« repräsentiere, der jedoch gerade deswegen in die Unmittelbarkeit seiner »völligen Wiedergewinnung« gewendet werden könne.[97] Die radikale Negation des Menschen im Proletariat schlägt durch die radikale Negation dieser Negation durch das Proletariat in die völlige Affirmation des Menschseins um. Marx kritisiert zwar die Unmittelbarkeit der Tat, aber das Ziel der Tat bleibt eine – wenn auch vermittelte – Unmittelbarkeit als reiner Durchsichtigkeit nicht entfremdeter menschlicher Verhält-

---

96 Vgl. Karl Marx, »Zur Kritik der Hegelschen Rechtsphilosophie. Einleitung«, in: MEW, Bd. 1, S. 378–391, hier S. 383 f.
97 Ebd., S. 390.

nisse. Diese Romantik der Entfremdung schlägt auch noch in den *Pariser Manuskripten* (1844) durch. Der Kommunismus, so heißt es dort, sei als »vollendeter Naturalismus = Humanismus, als vollendeter Humanismus = Naturalismus« und damit »das aufgelöste Rätsel der Geschichte«, das sich als diese Lösung weiß.[98]

<small>Vermittlungsdenken mit und gegen Hegel</small>

Marx bleibt, so muss dieser Befund interpretiert werden, in weitaus größerem Maße ›orthodoxer‹ Hegelianer als seine junghegelianischen Weggefährten. Zwar folgt er ihnen zeitweilig in der Annahme, der Hegel'schen Philosophie liege von der *Phänomenologie* her eine Geschichte der Entfremdung und Aufhebung der Entfremdung zugrunde,[99] jedoch teilt er nicht ihre Kritik an der vermittelten im Namen einer ›wahren‹, unvermittelten Unmittelbarkeit. So kritisiert er 1844 an Feuerbach ausdrücklich, dass dieser die aus der Negation der Negation hervorgehende Po-

---

98 Karl Marx, »Ökonomisch-philosophische Manuskripte (1844)«, in: MEW, Ergänzungsband 1, S. 465–588, hier S. 536.
99 Vgl. dazu näher Andreas Arndt, *Die Arbeit der Philosophie*, a.a.O. (vgl. S. 56), S. 93 ff.

sition als defizitär ansehe »und darum ihr direkt und unvermittelt die sinnlich gewisse, auf sich selbst gegründete Position« entgegenstelle.[100] Und noch in einer anderen Hinsicht ist Marx im zeitgenössischen Umfeld als Vermittlungsdenker zu charakterisieren. Mit dem Verweis auf die materiellen Bedingungen der Verwirklichung der Philosophie orientiert er sich an einem empirisch-wissenschaftliches Programm als Voraussetzung verändernder Praxis, das er unter dem Titel einer Kritik der politischen Ökonomie verfolgt. Dieses wissenschaftliche Programm ist auf die Erfassung und Darstellung bestimmter, *historisch-spezifischer* Vermittlungsprozesse gerichtet. Deren Struktur, also ein Konzept der Vermittlung und nicht ein Konzept der Unmittelbarkeit, bildet den entscheidenden Beweggrund seiner Hegel-Kritik.

Einen entscheidenden Schritt dazu hat Marx in dem Kreuznacher Manuskript *Zur Kritik des Hegelschen Staatsrechts* (1843) getan, indem er Hegels Theorie der logi-

Grenzen der Vermittlung

---

100 Karl Marx, »Ökonomisch-philosophische Manuskripte (1844)«, a.a.O. (vgl. S. 84), S. 570.

schen Vermittlung angreift, wobei er auf eine zu leistende »Kritik der Hegelschen Logik« verweist,[101] die er bereits seit 1839 ins Auge gefasst hat und welche offenbar auch eine Metakritik der Trendelenburg'schen Hegel-Kritik enthalten sollte.[102] »Wirkliche Extreme«, so führt Marx aus, »können nicht miteinander vermittelt werden, eben weil sie wirkliche Extreme sind. Aber sie bedürfen auch keiner Vermittlung, denn sie sind entgegengesetzten Wesens. Sie haben nichts miteinander gemein, sie verlangen nicht, sie ergänzen einander nicht. Das eine hat nicht in seinem eigenen Schoß die Sehnsucht, das Bedürfnis, die Antizipation des andern«.[103] Mit dieser These zielt Marx auf eine Grenze der Vermittlung als

---

101 Karl Marx, »Kritik des Hegelschen Staatsrechts (§§ 261–313)«, in: MEW, Bd. 1, S. 203–333, hier S. 292.

102 Vgl. die Briefe Bruno Bauers an Marx vom 11.12.1839 und vom 31.3.1841 in: MEGA², 3, 1, 1, S. 336–354; zum Zusammenhang Andreas Arndt, *Karl Marx. Versuch über den Zusammenhang seiner Theorie*, Bochum 1985, S. 20.

103 Karl Marx, »Kritik des Hegelschen Staatsrechts (§§ 261–313)«, a. a. O., S. 292.

Selbstvermittlung der Totalität, d. h. in letzter Konsequenz kritisch auf die vermittelte Unmittelbarkeit als vermittelnd.

In dieser Hinsicht aufschlussreich ist auch die Art, wie Marx sich bereits in den *Pariser Manuskripten* als ›Materialisten‹ positioniert. Ausgangspunkt seines ›neuen‹ Materialismus (der ebenso in Opposition zum Spiritualismus wie zum bisherigen Materialismus steht) ist weder die Berufung auf eine körperliche Substanz noch die Behauptung eines unmittelbaren Seins oder einer unmittelbaren Erkenntnis von Gegenständen, sondern vielmehr die spezifische *gegenständliche* Vermittlung des Erkennens und Handelns: »Denken und Sein sind [...] zwar *unterschieden*, aber zugleich in *Einheit* miteinander.«[104] Marx betrachtet den Menschen als ein durch Gegenstände bestimmtes und gegenständlich tätiges Naturwesen: »Es schafft, setzt nur Gegenstände, weil es durch Gegenstände gesetzt ist, weil es von Haus aus *Natur* ist. In dem Akt des Setzens fällt es also nicht aus seiner ›rei-

Gegenständliche Vermittlung

---

104 Karl Marx, »Ökonomisch-philosophische Manuskripte (1844)«, a. a. O. (vgl. S. 84), hier S. 539.

nen Tätigkeit‹ in ein *Schaffen* des *Gegenstandes*, sondern sein *gegenständliches* Produkt bestätigt nur seine *gegenständliche* Tätigkeit, seine Tätigkeit als die Tätigkeit eines gegenständlichen natürlichen Wesens.«[105] Der Idealismus besteht, Marx zufolge, darin, von den *realen* Voraussetzungen des ›Setzens‹ zu abstrahieren, während der Materialismus vom Setzen abstrahiert und nur das Gesetztsein des Menschen durch die Gegenstände anerkennt.

Einheit von Setzen und Vorausgesetztsein

Beide, Idealismus und Materialismus, sind somit Abstraktionen von dem realen Prozess der Vermittlung im menschlichen Naturverhältnis und insofern falsches Bewusstsein, das erst durch die »vereinigende Wahrheit« beider, den neuen, ›wahren‹ Materialismus überwunden werde. Seine Position ist die Einheit von ›Setzen‹ (Umformen) der bestimmten Gegenstände und deren Vorausgesetztsein. Diese Einheit realisiert sich in der menschlichen Arbeit (oder, wie Marx es hier nennt: Praxis), die damit als Grundform der vermittelnden und vermittelten Tätigkeit erscheint und in dieser Funktion

---

105 Ebd., S. 577.

zur Zentralkategorie der in der *Deutschen Ideologie* skizzierten Geschichtsauffassung wird. Der in zahllosen Variationen wiederkehrende Schlüsselbegriff der *Deutschen Ideologie* ist der der ›wirklichen‹, aus der spezifischen Form der gesellschaftlichen Arbeit hervorgehenden Verhältnisse; damit wird, im Gegenzug gegen alle Konzepte von Unmittelbarkeit (die in der *Deutschen Ideologie* besonders in der Polemik gegen Max Stirner angegriffen werden) die Spezifik der jeweiligen Vermittlungsprozesse in den Mittelpunkt gestellt. Kritik ist die Kritik *bestimmter* Verhältnisse, namentlich bestimmter *Produktionsverhältnisse*, aber nicht im Namen einer neuen Unmittelbarkeit, sondern im Namen real möglicher neuer Verhältnisse. Damit ist die Romantik der Entfremdung im Kern preisgegeben.

Die von Marx für seinen Materialismus in Anspruch genommene Einheit des Setzens und Voraus*gesetztseins* (nicht: Voraus*setzens*) bezeichnet eine Reflexionsstruktur, die eine Alternative zur Hegel'schen Einheit des Setzens und Voraussetzens in der bestimmenden Reflexion darstellt, ohne in eine äußerliche Reflexion zurückzufallen. Sie ließe sich als *gegen-*

Einheit real Unterschiedener

ständliche Vermittlung beschreiben, sofern sie eine Einheit real Unterschiedener denkt – exemplarisch und auf der höchsten Abstraktionsstufe: die Einheit von Denken und Sein – die sich nicht als Momente einer reinen Selbstbezüglichkeit des Ganzen darstellen, d.h. nicht in eine vermittelte und zugleich vermittelnde Unmittelbarkeit des Ganzen überführen lassen. Das bedeutet auf der anderen Seite jedoch nicht, dass die real Unterschiedenen ihrerseits den Status unmittelbarer Entitäten hätten, die nur äußerlich aufeinander bezogen seien. Zwar mögen sie füreinander als unmittelbar erscheinen, jedoch sind sie ihrerseits vermittelt, und zwar nicht nur durch Prozesse hinter dem Rücken ihres Verhältnisses, sondern in diesem Verhältnis oder ihrer Einheit selbst. Als Beispiel mag das gesellschaftliche Naturverhältnis des Menschen dienen. Auf der einen Seite gibt es nicht die Relate unmittelbar als ›Mensch‹ bzw. ›Natur‹ *sans phrase*, sondern nur in der Spezifik ihres jeweiligen Aufeinanderbezogenseins (der Mensch in dem durch industrielle Produktion vermittelten Naturverhältnis ist ein Anderer als der in einer ackerbauenden Gesellschaft, und ebenso ist das, was in diesen Verhältnissen als ›Natur‹ begegnet, spezifisch durch diese Verhältnisse geformt[106]). Auf der anderen Seite macht es nach Marx auch keinen Sinn, beide Seiten *nur* als Momente ihres Vermitteltseins zu setzen. Der reale Unterschied, ihre Gegenständlichkeit füreinander, die sie nicht ineinander aufgehen lässt, betätigt sich gerade darin, dass sie *geschichtlich* miteinander vermittelt sind, d.h. in historisch-spezifischen Verhältnissen neue Potenzen realisieren, ohne zu einer abschließenden Synthese zu kommen, in der sie ineinander aufgehen könnten.

Marx betrachtet in der *Einleitung* zur *Kritik der politischen Ökonomie* von 1857 (dem sogenannten ›Methodenkapitel‹ der *Grundrisse*) in diesem Sinne das Verhältnis von Produktion und Konsumtion. Es lässt sich – abstrahiert von den gesellschaftli-

Totalität ist kein Subjekt

---

[106] Vgl. hierzu die Polemik gegen Feuerbach in der *Deutschen Ideologie*: »Er sieht nicht, wie die ihn umgebende sinnliche Welt nicht ein unmittelbar von Ewigkeit her gegebenes, sich stets gleiches Ding ist, sondern das Produkt der Industrie und des Gesellschaftszustandes« (MEW, Bd. 3, S. 43).

chen Voraussetzungen – als vermittelte Unmittelbarkeit im Hegel'schen Verständnis reformulieren (»Hiernach für einen Hegelianer nichts einfacher als Produktion und Konsumtion identisch zu setzen«[107]). Tatsächlich gelingt dies aber nur unter der Voraussetzung, dass Produktion und Konsumtion als »Tätigkeiten eines Subjekts« betrachtet werden, aber: »Die Gesellschaft als Ein einziges Subjekt betrachten, ist sie überdem falsch betrachten; spekulativ.« Denn: in der Gesellschaft »ist die Beziehung des Produzenten auf das Produkt, sobald es fertig ist, eine äußerliche und die Rückkehr desselben zu dem Subjekt hängt ab von seinen Beziehungen zu andren Individuen. Es wird desselben nicht unmittelbar habhaft.«[108] Die Gegenständlichkeit der Vermittlung bezeichnet demnach eine konstitutive Äußerlichkeit oder bleibende Differenz in der Vermittlung, die daraus hervorgeht, dass die Einheit der Vermittelten bzw. die Totalität der Vermittlung sich

---

107 Karl Marx, *Grundrisse der Kritik der politischen Ökonomie*, Frankfurt/Main und Wien o. J., S. 15.
108 Ebd.

nicht als *Subjekt* der Vermittlung ausweisen lässt. Eben dies, die Erfüllung des Subjekt-Paradigmas, war der Sinn der vermittelten und vermittelnden Unmittelbarkeit bei Hegel, die Marx zurückweist.

In diese Richtung gehen auch seine Bemerkungen über die Grenzen der Dialektik und des Systems. So zeigt Marx Grenzen der Selbstbezüglichkeit des Systems der bürgerlichen Produktionsweise darin auf, dass es nicht vollständig die Bedingungen seiner eigenen Realisation auf der Grundlage seiner eigenen Wirklichkeit zu setzen vermag;[109] an anderer Stelle bezeichnet er dies auch als Grenze der – so wird man sagen müssen: Hegel'schen – Dialektik.[110] Auch hierbei ist es Marx wichtig, dass diese Dialektik »realen Unterschied nicht aufhebt«.[111] In der durchgeführten Kritik der politischen Ökonomie hat Marx diese Struktur seiner Krisentheorie zugrunde gelegt, indem er den Produktions- und den Reproduktionsprozess des Kapitals in ihrer Einheit, als zusammengehörige, aber

---

109 Ebd., S. 363 f.
110 Ebd., S. 945.
111 Ebd., S. 29.

gegeneinander verselbständigte Momente der Bewegung des Kapitals betrachtet, die in zeitlich und räumlich getrennte Akte auseinanderfallen und daher die Verwertung des Werts unterbrechen können.[112]

Denken und Sein   Aber auch hinsichtlich des Verhältnisses von Denken und Sein argumentiert Marx in dieser Weise, indem er sich auf »realen Unterschied«, d.h. bleibende Differenzen *innerhalb* der Vermittlung beider beruft. Von Anbeginn liest er auch Hegel unter der Voraussetzung dieser Differenz. Er missversteht das reine Denken, den sich selbst erfassenden Begriff in der *Wissenschaft der Logik*, nicht so, als ginge es darum, eine Welt aus dem Gedanken zu *erzeugen*. Vielmehr gehe es bei Hegel um die »philosophische Auflösung und Wiederherstellung der vorhandnen Empirie«.[113] Im *Kapital* bezeichnet er entsprechend die absolute Idee als »Demiurg des

---

112 Vgl. Andreas Arndt, *Karl Marx*, a.a.O. (vgl. S. 86), S. 246 ff.
113 Karl Marx, »Ökonomisch-philosophische Manuskripte (1844)«, a.a.O. (vgl. S. 84), S. 573.

Wirklichen«,[114] d.h. nicht als Schöpfergott, sondern als Weltbaumeister im Sinne von Platons *Timaios*, der die Welt aus vorgegebener Materie formt.[115] Marx wirft Hegel demnach nicht vor, eine bodenlose Konstruktion *a priori* vorzunehmen – der Schein einer solchen Konstruktion haftet nach Marx jeder gelungenen gedanklichen Reproduktion der Wirklichkeit an[116] –, sondern er hält ihm vor, im Zuge dieser Reproduktion von den realen Voraussetzungen abstrahiert zu haben.[117] Auch die

---

114 Karl Marx, *Das Kapital*, in: MEW, Bd. 23, S. 27.

115 Hierauf hat Heinz Dieter Kittsteiner aufmerksam gemacht (*Mit Marx für Heidegger. Mit Heidegger für Marx*, München 2004, S. 57 f.).

116 Vgl. Karl Marx, *Das Kapital*, a.a.O. (vgl. S. 95), S. 27, die Ausführungen zur Forschungs- und Darstellungsweise.

117 Vgl. Karl Marx, *Grundrisse der Kritik der politischen Ökonomie*, a.a.O. (vgl. S. 92), S. 22: »Das Ganze, wie es im Kopfe als Gedankenganzes erscheint, ist ein Produkt des denkenden Kopfes, der sich die Welt in der ihm einzig möglichen Weise aneignet [...]. Das reale Subjekt bleibt nach wie vor außerhalb des Kopfes in seiner Selbstän-

geistige Reproduktion der Wirklichkeit im Verhältnis von Denken und Sein ist Einheit des Setzens und Vorausgesetztseins; diese Struktur gegenständlicher Vermittlung *im Denken selbst* aber wird verfehlt, wenn der Denkprozess »unter dem Namen Idee in ein selbständiges Subjekt verwandelt« wird,[118] d.h. die Differenz zugunsten einer vermittelten und vermittelnden Unmittelbarkeit getilgt wird.

---

digkeit bestehen; solange sich der Kopf nämlich nur spekulativ verhält, nur theoretisch. Auch bei der theoretischen Methode daher muß das Subjekt, die Gesellschaft, als Voraussetzung stets der Vorstellung vorschweben.« – ›Subjekt‹ ist hier im Sinne von *subiectum*, *hypokeimenon* zu verstehen, nicht im Sinne selbstbezüglicher Subjektivität.

118 Karl Marx, *Das Kapital*, a.a.O. (vgl. S. 95), S. 27.

Kritik der Unmittelbarkeit

Das Marx'sche Konzept einer gegenständlichen Vermittlung findet eine Parallele in Helmuth Plessners (1892–1985) »Gesetz der vermittelten Unmittelbarkeit«.[119] Für die Tätigkeit des Menschen sei entscheidend, dass die Mittel seiner Tätigkeit von ihm ablösbar sind und Sach- und Seinsverhalte, also Objektivität repräsentieren. Sinn und Dasein haben sie nicht allein durch den Konstrukteur, denn »ebenso wesentlich ist für die technischen Hilfsmittel (und darüber hinaus für alle Werke und Satzung aus menschlicher Schöpferkraft) ihr inneres Gewicht, ihre Objektivität, die als dasjenige an ihnen erscheint, was nur gefunden und entdeckt, nicht gemacht werden konnte.«[120] Das Verhältnis des Menschen zu seiner Umwelt wird als gegenständlich vermittelte

Plessner: vermittelte Unmittelbarkeit

---

119 Helmuth Plessner, *Die Stufen des Organischen und der Mensch*, Berlin und New York ³1975, S. 321–341.
120 Ebd., S. 321.

Subjekt-Objektivität angesehen, deren Paradigma das Werkzeug ist. Seine Erfindung betrachtet Plessner als ›*Ausdrucks*leistung‹, durch welche die Form für einen natürlichen Tatbestand gefunden wird.[121] Das Bedürfnis nach Ausdruck, d.h. Mitteilung und Gestaltung, wird dabei als anthropologischer Grundzug angenommen, aus welchem die ›Exzentrizität‹ der menschlichen Position folgt, d.h. das Überschreiten der organischen Schranken des Selbst zur Um- und Mitwelt. Diese »Exzentrizität der Position läßt sich als eine Lage bestimmen, in welcher das Lebenssubjekt mit Allem in indirekt-direkter Beziehung steht«,[122] also in vermittelter (indirekt) Unmittelbarkeit (direkt). Plessners Gesetz besagt, »daß das Lebendige als solches die Struktur der vermittelten Unmittelbarkeit besitzt«.[123]

Exzentrizität des Ich

Dies gelte fundamental bereits für jede Identität und besonders die ›Selbststellung‹, d.h. die Zuschreibung von Ich-Identität, welche ohne Spaltung des Ich in Ichsubjekt und Ichobjekt – also eine

---

121 Ebd., S. 322.
122 Ebd., S. 324.
123 Ebd., S. 324.

reflektierende Selbstbeziehung – gar nicht denkbar sei. »Identität als Dieselbigkeit *besteht* geradezu in dem Fortgehen ›von‹ dem Etwas, was identisch (mit ›sich‹) sein soll, als Rückgang ›zu‹ ihm.«[124] Nur in dieser vermittelnden Bewegung, dem »Vollzug dieser Spaltung *als* ihrer Aufhebung«, seien »Unmittelbarkeit der *Icherfassung*« (d. h. unmittelbare Selbstbezüglichkeit) und »Einunddieselbigkeit des *Ichseins*« (d. h. Ich-Identität) möglich.[125] Mit Fichte versteht Plessner dies als »sich Selber setzen«, wodurch das »Lebenssubjekt« sich »als Ich oder die exzentrische Positionalität« konstituiert.[126] Die Selbstkonstitution des Ich ist also, anders als bei Fichte, eine *vermittelte* Unmittelbarkeit. Der Mensch bildet zugleich »den Punkt der Vermittlung zwischen ihm und dem Umfeld *und* er ist in diesen Punkt gesetzt«,[127] aber als ein mit sich selbst Identischer.

Diese exzentrische Position liefert Plessner den Schlüssel, einerseits den

Unmittelbarkeit als notwendiger Schein

---

124 Ebd., S. 47.
125 Ebd., S. 48.
126 Ebd., S. 325.
127 Ebd.

Schein der Unmittelbarkeit als notwendigen Schein zu erklären, andererseits aber auch die Möglichkeit seiner kritischen Auflösung aufzuzeigen. Der Schein der Unmittelbarkeit entsteht dadurch, dass das Lebewesen selbst *als vermittelnd* im Punkt der Vermittlung steht. »Diese Beziehung kann dem Lebewesen gar nicht anders als direkt, als unmittelbar erscheinen, weil es ›sich selber‹ noch verborgen ist.«[128] Der Mensch erst könne dies, indem er sich als Ich von diesem Feld der Vermittlung abhebe und damit gleichsam neben sich trete und Distanz gewinne, die Vermittlung zu reflektieren. An der vermittelten Unmittelbarkeit seines eigenen Ich gewinne er die Einsicht in die Vermitteltheit der Unmittelbarkeit überhaupt.

Dominanz der Unmittelbarkeit

Weshalb aber dominiert die Unmittelbarkeit, sodass von einer vermittelten Unmittelbarkeit und nicht von einer unmit-

---

128 Ebd. – Hierbei geht es im eher umgangssprachlichen Sinne um die Unmittelbarkeit als direkte Beziehung auf Anderes (das Umfeld), *nicht* als Selbstbeziehung oder Erlebnis einer Unmittelbarkeit an und für sich.

telbaren Mittelbarkeit zu sprechen ist?[129] Plessner zufolge vollzieht der Mensch mit seiner ›Abhebung‹ als Ich von dem Feld eine Unterscheidung zwischen sich und der ›Welt‹, in der ihm Dinge gegenständlich gegeben sind, d.h. mit einem »Überschußmoment des Eigengewichts, des Für sich Bestehens, des An sich Seins«.[130] Dieses Übergewicht führt dazu, dass die Erscheinung der ›Dinge‹ mehr zu sein scheint als das bloße Erscheinung-Sein. An ihnen hängt gewissermaßen das Gewicht der Dinglichkeit, sodass der Mensch über die Erscheinung unmittelbar mit den Dingen selbst in Beziehung zu stehen meint, während diese Beziehung in Wahrheit durch die Erscheinungen vermittelt ist. Auch als selbstbewusstes und damit von dem Feld der Vermittlung mit der Umwelt abgehobenes Ich steht das Subjekt in der Mitte der Vermittlung, d.h. »blickendes Subjekt (Mitte der Position) und in der Mitte stehendes Subjekt« sind ›identisch‹, sodass das »Be-

---

129 Vgl. ebd., S. 326.
130 Ebd., S. 327.

wußtsein der Unmittelbarkeit und des direkten Kontakts« nicht zu verhindern ist.[131]

Die ›Exzentrizität‹, die den Schein der Unmittelbarkeit notwendig erzeugt, befähigt aber nach Plessner auch zur Reflexion des Vollzugs der Wahrnehmung und des Wissens und damit des Bewusstseins. Er wird sich der Vermitteltheit dessen bewusst, was notwendig als unmittelbar erscheint. Der Schein der Unmittelbarkeit erweist sich als haltlos.[132]

Kritik des Scheins

Plessners Kritik der Unmittelbarkeit ist vor allem deshalb bemerkenswert, weil sie – offenbar in Anlehnung an Kants Erörterung des transzendentalen Scheins in der transzendentalen Dialektik – die Notwendigkeit des Scheins der Unmittelbarkeit aufzeigen und ihn zugleich auflösen will. Dabei bewegt sich Plessner von vornherein *unterhalb* derjenigen Ebene, auf der Hegel die wiederhergestellte, vermittelte und vermittelnde Unmittelbarkeit ansiedelt. Sein Thema sind nicht die als an und für sich seiend statuierten Unmittelbarkeiten, sondern die Unmittelbarkeiten

---

131 Ebd., S. 328.
132 Vgl. ebd., S. 330.

für uns im Sinne einer direkten Beziehung auf etwas, wozu nach Plessner auch das Ich des Selbstbewusstseins gehört. Die Grenzen seiner Kritik liegen darin, dass er sie weitgehend auf einer phänomenalen Ebene ansetzt und den Prozess der Vermittlung selbst, in dem die Unmittelbarkeit vermittelt wird, als solchen weitgehend ausblendet. Der Ansatz beim Paradigma der technischen Mittel als Subjekt-Objektivität in einer gegenständlichen Vermittlung, der bemerkenswerte Parallelen zum Hegel'schen und Marx'schen Verständnis der Arbeit als gegenständlich vermittelter Tätigkeit aufweist, bleibt nahezu folgenlos für den Fortgang. Von ihm aus hätte schon fraglich gemacht werden können, ob das Formgeben für Sachverhalte in der Konstruktion der Mittel überhaupt als *Ausdrucks*verhältnis angemessen beschrieben werden kann oder ob es nicht seinerseits als gegenständlich vermittelt angesehen werden muss. Und auch die Erfahrung von Gegenständlichkeit wird nur in der Relation von Realgegenstand, Erscheinung und Bewusstsein betrachtet, d.h. einerseits bloß anschauend, andererseits ohne Einbeziehung der Denk*mittel*, mit denen wir die Gegenstände denkend bestimmen.

Kritik des Ursprungsdenkens (Derrida)

Defizitär sind in dieser Hinsicht auch andere Theorien, die grundlegende Figuren der Unmittelbarkeit kritisieren. Dies betrifft zum einen die Philosophien der Differenz[133] mit ihrer Kritik an der Präsenz eines Ursprungs. Differenz wird hier in Anlehnung an die strukturale Linguistik gedacht als bestimmt durch Oppositionen (die Arbitrarität der Zeichen), die sich erst in der Beziehung aufeinander bestimmen. Hierin liegt die Kritik eines zugrundeliegenden Bezeichneten, eines transzendentalen Signifikaten, der in den Verweisen repräsentiert werden würde. Die Differenz als solche (*différance*) ist demnach auch kein Prinzip, »keine erste Bestimmung und auch keine prophetische Ankündigung einer bevorstehenden und noch unerhörten Benennung«:[134] »Die *différance* ist der nicht-volle, nicht-einfache, strukturierte und differie-

---

133 Vgl. Heinz Kimmerle, *Philosophien der Differenz. Eine Einführung*, Würzburg 2000.
134 Jacques Derrida, *Randgänge der Philosophie*, Frankfurt/Main, Berlin und Wien 1976, S. 36.

rende Ursprung der Differenzen. Folglich kommt ihr der Name ›Ursprung‹ nicht mehr zu.«[135] Diese Position richtet sich gegen jede Unmittelbarkeit eines Ursprungs, aber auch gegen die Selbstrepräsentation der vermittelten und vermittelnden Unmittelbarkeit Hegels. Die Zurückweisung dieser Konzepte erfolgt jedoch nicht von einer alternativen Theorie der Vermittlung aus, die sich gegen die kritisierten Konzepte begrifflich profilieren ließe.[136]

Dezidiert gegen das Hegel'sche Konzept der wiederhergestellten Unmittelbarkeit richtet sich Theodor W. Adornos (1903–1969) These, das Ganze sei »das Unwahre«,[137] der Identitätszwang, in dem das Nichtidentische dem Allgemeinen unterworfen werde. Auch, wenn Adorno zugleich gegen jede Unmittelbarkeit eines Ursprungs und auch gegen jede an und für sich seiende Unmittelbarkeit polemisiert, wird über diesem Insistieren vielfach

Nichtidentität des Unmittelbaren (Adorno)

---

135 Ebd., S. 17; »strukturierte und differierende« fehlt in der deutschen Übersetzung.
136 Vgl. Andreas Arndt, *Dialektik und Reflexion*, Hamburg 1994, S. 326 ff.
137 Theodor W. Adorno, *Minima Moralia*, Frankfurt/Main 1970, S. 57.

übersehen, dass er zugleich den Begriff eines Unmittelbaren *gegen* die Hegel'sche ›Universalität von Vermittlung‹ aufbietet, denn »Vermittlung des Unmittelbaren und Vermittlung des Begriffs« seien keineswegs dasselbe; der Begriff sei »seiner Beschaffenheit nach unmittelbar die Vermittlung; die Vermittlung der Unmittelbarkeit jedoch Reflexionsbestimmung, sinnvoll nur in Bezug auf das ihr Entgegengesetzte, Unmittelbare«.[138] Das Unmittelbare ist das – bezogen auf den Begriff – Nichtidentische, »das nicht durch seinen Begriff Wegzuräumende«: »Der Triumph, das Unmittelbare sei durchaus vermittelt, rollt hinweg über das Vermittelte und erreicht in fröhlicher Fahrt die Totalität des Begriffs, von keinem Nichtbegrifflichen mehr aufgehalten, die absolute Herrschaft des Subjekts.«[139] Das Unmittelbare in diesem Verständnis bezeichnet kein positives Sein, etwa im Sinne des sinnlichen Seins bei Feuerbach, sondern das, was Adorno den »Vorrang des Objektiven« nennt, im Sinne des Ge-

---

138 Theodor W. Adorno, *Negative Dialektik*, Frankfurt/Main 1980, S. 173.
139 Ebd., S. 174.

genständlichen bei Plessner und des realen Unterschieds bei Marx. Dieses Moment, das sich mit vielfachem Recht für Realprozesse reklamieren lässt, ist aber für Adorno merkwürdigerweise dem begrifflichen Denken nicht eingeschrieben, das diese Prozesse ideell reproduzieren will. Insofern lässt sich zwar, wie es die *Negative Dialektik* zum Programm erhebt, mit dem Begriff gegen den Begriff andenken, aber keine begriffliche Alternative zur Alteritätslosigkeit begrifflicher Vermittlung formulieren.

Der Schein der Unmittelbarkeit

<small>Schein für Anderes</small>

Unmittelbarkeit ist Schein, die Oberfläche der ›Dinge‹, an denen sie sich berühren. Sie ist Schein für Anderes. Schein deshalb, weil die ›Dinge‹ hinter ihrer Oberfläche vermittelt sind. Notwendig ist dieser Schein, weil sich das Begegnende aktual in seinem jeweiligen So-Sein präsentiert. Ihm hängt nicht nur, mit Plessner, das Gewicht der Dinglichkeit, sondern auch die Aufdringlichkeit einer Präsenz als Gegenwärtigkeit eines So-Seins an. In dieser Erscheinungsweise ist das ›Ding‹ opak. Es widerfährt, aber lässt sich nicht durchdringen. Die bloße Berührung der Oberflächen verschafft jedoch keine Erkenntnis. Ein schlechthin unmittelbares Verhältnis ist daher, streng genommen, ein Nicht-Verhältnis, das bloße Sich-Abstoßen zweier opaker Entitäten. Auch ›unmittelbare Beziehung‹ ist Schein, Metapher für größtmögliche Nähe, die aber in Wahrheit – da sie gerade Anderes und mehr sein soll als abweisende Äußerlichkeit der Berührung – jene Distanz einschließt, in welcher der Schein der Unmittelbarkeit bloßer Präsenz gebrochen und das Vermitteltsein des Anderen und mit ihm hervorgetreten ist. Die Konzepte des unmittelbaren Bezogenseins auf ein Unmittelbares, sei es als Anschauung oder Gefühl, haben daher auch immer der unmittelbaren Beziehung reflexive Leistungen zugeschrieben, welche die Unmittelbarkeit als Schein entlarven.

Dass Unmittelbarkeit Schein sei, gilt auch für das Moment der Nicht-Identität in realen und begrifflichen Vermittlungen. Als unmittelbar erscheint das, was in die jeweilige Vermittlung als nicht von ihr gesetzte Voraussetzung eingeht. Auch dies ist Unmittelbarkeit für Anderes. Sie entspricht dem, was in dem Gang der Hegel'schen *Wissenschaft der Logik* sich als Resultat hinter ihr liegender und Ausgangspunkt weiterer Vermittlungen als unmittelbar präsentiert. Diese Unmittelbarkeit ist realer Schein, Seinsweise von Etwas für Anderes, sofern auf ihr der reale Unterschied innerhalb der Vermittlungs-Einheit beruht. Sie ist Schein aber deshalb, weil sie Effekt eines Verhältnisses, genauer; der

_{Realer Schein des Nichtidentischen}

Partialität oder Endlichkeit bestimmter Vermittlungen ist.

Dies gilt prinzipiell auch für begriffliche Vermittlungen, d. h. den Denkprozess selbst, sofern er mit Denkbestimmungen als Denkmitteln operiert. Diese stehen einerseits in einem Verhältnis zu Sachverhalten (d. h. Verhältnissen und nicht Dingen) die sie ideell repräsentieren, andererseits in einem Verhältnis zueinander. Auf der Ebene der Repräsentation geht es dabei um die ideelle Reproduktion von Verhältnissen, die als Voraussetzung der Repräsentation den Schein der Unmittelbarkeit mit sich führen.

Schein der Unmittelbarkeit des Denkprozesses

Der Schein der Unmittelbarkeit der Voraussetzungen des Denkprozesses wird aber *für* den Denkprozess, der die ideelle Reproduktion der erscheinenden Wirklichkeit vollzieht, zunächst dadurch infrage gestellt, *dass* er diese Unmittelbarkeit *für* das begreifende Erkennen vermittelt, was wiederum den Schein einer vermittelten und sich selbst vermittelnden Unmittelbarkeit des Zusammenhanges der Denkbestimmungen erzeugt. Dieser entsteht nicht nur dadurch, dass – wie Marx es beschrieben hat – das Denken in der gedanklichen Reproduktion der erscheinenden Wirklichkeit mit der Unmittelbarkeit seiner Voraussetzungen zugleich von diesen Voraussetzungen selbst abstrahiert. Er entsteht auch dadurch, dass die allgemeinen Denkmittel im Netz der Kategorien Relationen (Verhältnisse, Sachverhalte) und nicht empirisch aufweisbare ›Dinge‹ repräsentieren und in diesem Sinne voraussetzungslos zu sein scheinen. Ein in diesem Sinne voraussetzungsloses Denken setzte sich jedoch selbst als in sich abgeschlossene, übergeschichtliche Vermittlung aller möglichen Vermittlungen voraus, eine Vorstellung, welche die Endlichkeit und damit auch Geschichtlichkeit der Vermittlungen im begreifenden Denken und durch das begreifende Denken unterläuft.

Dieser Vorstellung steht die einer praktischen Unendlichkeit endlicher Vermittlungen im geschichtlichen Vollzug entgegen. Von ihr aus ist vermittelte und zugleich vermittelnde Unmittelbarkeit eines Ganzen der Schein einer geschlossenen Totalität, welche aus der Distanznahme unseres Selbstbewusstseins als ›Ich‹ zur ›Welt‹ ebenso hervorgehen kann wie aus der Dis-

Endliche Vermittlungen

tanzlosigkeit eines In-der-Welt-Seins, das die bestimmten Vermittlungen unterläuft.

Kritik der Unmittelbarkeiten als Aufklärung im Begriff

Der Schein solcher Unmittelbarkeit vergeht mit der Reflexion unserer selbst in dem Feld endlicher Vermittlungen. Sie verheißt uns keine durchschlagende, unmittelbare Identität, weder die eines erfüllten Selbst noch die einer nicht entfremdeten Welt. Aber sie vermittelt uns die endlichen, realen Möglichkeiten, an denen gelingendes Leben sich messen ließe. Die Einsicht in solche Möglichkeiten auch gegen Ansprüche der Tradition und des Bestehenden zu befördern und praktisch umzusetzen war ein Grundbestreben der Aufklärung. Die Kritik der Unmittelbarkeiten ist Aufklärung im Begriff im Rahmen dieser Orientierung.

Weiterführende Literatur

Andreas Arndt, *Dialektik und Reflexion. Zur Rekonstruktion des Vernunftbegriffs*, Hamburg 1994.

Andreas Arndt, »›Neue Unmittelbarkeit‹. Zur Aktualisierung eines Konzepts in der Philosophie des Vormärz«, in: W. Jaeschke (Hg.), *Philosophie und Literatur im Vormärz. Der Streit um die Romantik (1820–1854)*, Hamburg 1995, S. 207–233.

Peter Bürger, »Das Denken der Unmittelbarkeit und die Krise der Moderne«, in: ders., *Ursprung des postmodernen Denkens*, Weilerswist 2000, S. 153–168.

Dieter Henrich, »Hegels Logik der Reflexion«, in: ders., *Hegel im Kontext*, Frankfurt/Main 1971, S. 95–156.

Karl Löwith, »Vermittlung und Unmittelbarkeit bei Hegel, Marx und Feuerbach«, in: ders., *Sämtliche Schriften*, Bd. 5, Stuttgart 1988, S. 186–200.

www.ingramcontent.com/pod-product-compliance
Lightning Source LLC
Chambersburg PA
CBHW071231090426
42736CB00014B/3043